Maria Giovanna Muzj

GANZ AUGE, GANZ LICHT, GANZ GEIST

Maria Giovanna Muzj

GANZ AUGE, GANZ LICHT, GANZ GEIST

Einführung in die Betrachtung der Ikonen

echter

Aus dem Italienischen übersetzt von Dr. Gerhard Gäde

Titel des italienischen Originals: *Trasfigurazione.*
Introduzione alla contemplazione delle icone.

Die Abbildungen dieses Bandes wurden freundlicherweise vom Centro Russia Ecumenica, Rom, zur Verfügung gestellt; das Bild »Die Empfängnis der heiligen Anna« stammt aus dem Ikonenmuseum Recklinghausen.

CIP-Titelaufnahme der Deutschen Bibliothek

Muzj, Maria Giovanna:
Ganz Auge, ganz Licht, ganz Geist : Einführung in die Betrachtung der Ikonen /
Maria Giovanna Muzj. (Aus d. Ital. übers. von Gerhard Gäde.) –
Würzburg : Echter, 1989
   ISBN 3-429-01251-1

© 1989 Echter Verlag Würzburg
© für die italienische Ausgabe: Figlie di San Paolo 1987
Umschlaggestaltung: Ernst Loew
Gesamtherstellung: Echter Würzburg
Fränkische Gesellschaftsdruckerei und Verlag GmbH
ISBN 3-429-01251-1

Inhalt

Zur Einführung

Das vorliegende Buch führt den Leser in die geistliche Betrachtung der Ikonen ein. Diese Art der Betrachtung darf nicht verwechselt werden mit einer Betrachtung unter rein ästhetischen Gesichtspunkten. Denn sie enthält viel mehr und ist in Wirklichkeit eine Einübung des lebendigen Glaubens an Christus, der kam, um den Vater zu offenbaren.

Doch wird der Leser keineswegs überrascht sein, wenn die Kommentierung, die die Darstellung einer Sammlung der schönsten und bedeutendsten Ikonen begleitet, zahlreiche geschichtliche Hinweise enthält, die sich mit der Analyse der Struktur und der formalen Ästhetik einer jeden Ikone verbinden. Während es nämlich der westlichen Tradition nicht schwerfällt, die ästhetische Gestalt unter Ablösung von ihrem Glaubensinhalt, den sie zum Ausdruck bringt, zu betrachten, so gilt das keineswegs für die Kunst der Ikonenmalerei. Stellt diese doch, über ein Glaubenszeugnis hinaus, die Verkündigung des Geheimnisses unseres Heiles dar. Es wird deshalb lohnenswert sein, alle diese Komponenten in die Betrachtung einzubeziehen.

Vor allem aber muß man sich immer wieder den theologischen Inhalt vergegenwärtigen, den der Ikonenmaler für die Gläubigen hat darstellen wollen, damit sie darin Nahrung finden für den eigenen Glauben und das eigene Gebet. Außerhalb dieser theologischen

Perspektive läuft man ständig Gefahr, an der Oberfläche der Dinge zu bleiben und sich allein von den Farben und den Formen bezaubern zu lassen.

Die Ikone ist wohl ein Bild für unsere leiblichen Augen, aber sie ist auch und vor allem eines für die Augen des Glaubens: Die Ikone will Abbild des Unsichtbaren sein und eine Erzieherin zum Glauben. Sie ist deshalb in jedem Augenblick einer zweifachen Treue unterworfen: Der Treue zu unserer Welt, die das Werk Gottes ist, und der Treue zu dem, den nichts und niemand zu fassen vermag und der nicht darstellbar ist. Mit Hilfe irdischer Mittel – Gestalt, Farbe, Licht – muß die Ikone die transzendente Wirklichkeit übersetzen. Und da sich ihr Gegenstand jenseits des Sichtbaren befindet, darf sie sich nicht in erster Linie von ästhetischen Forderungen leiten lassen, sondern von der Offenbarung und vom Glauben. Hierin besteht der doppelte Anspruch, der die Kunst der Ikonenmalerei belebt. Wenn man diese Voraussetzung vergißt, verschließt sich der Zugang zur Welt der Ikonen. Die Ikone wird dann auf ein einfaches religiöses Bildnis reduziert oder gar zu einer Art ästhetischem Idol pervertiert.

Die theologische Betrachtung der Ikone unterscheidet sich stark von der des Bildes im Westen. Dennoch muß man festhalten, daß die grundlegende Theologie der Ikone, wie sie das 2. Konzil von Nikaia (787) definiert hat, der ganzen Kirche gemeinsam ist. Sie ist Teil des katholischen Glaubens und ist von anderen Konzilien bestätigt worden. Jedoch ist sie in der lateinischen Kirche nicht in dem Maße entwickelt und integriert worden wie in der Orthodoxen Kirche und in den anderen Kirchen des Ostens.

Der Grund für diesen Sachverhalt liegt wohl in der Spiritualität des Westens, die den Akzent stärker auf das Wort und auf die Struktur des Glaubens legt als auf deren künstlerische Ausdruckgebung. Ein anderer Grund liegt vermutlich in der Tatsache, daß der Westen sich niemals in der Situation befand, die typisch orientalischen Häresien monophysitischer Tendenz bekämpfen zu müssen.

Die theologische Konzeption der Ikone findet im Laufe der ikonoklastischen Krise des 8. und 9. Jahrhunderts zu ihrer eigentlichen Form. In dieser Krise, die an die Wurzeln der byzantinischen Kultur ging und auch das politische und wirtschaftliche Leben erschütterte, wurde nicht nur die Berechtigung des Bildes in Zweifel gezogen, insofern es das Göttliche darstellt, sondern auch das Dogma der Menschwerdung Gottes in Frage gestellt, welches ja integraler Bestandteil des christlichen Glaubens ist.

Im Zentrum der Auseinandersetzung stand die Ikone Christi. Ihre Verteidiger betonten, daß in der Ikone nicht die bloße Gottheit Christi dargestellt wird, zumal diese über jede Gestalt und jedes menschliche Sprechen erhaben ist. Ebenso handele es sich nicht um eine einfache Abbildung Jesu von Nazaret. Vielmehr wolle die Ikone die Person (Hypostasis) Christi in ihrer Integrität darstellen, was gleichbedeutend ist mit der geheimnisvollen Einheit der göttlichen und der menschlichen Natur im Wort.

Die Ikone stellt deshalb einen Reflex der Inkarnation dar. Sie wird zum Ort ihrer Gegenwart. Die Wirklichkeit des Urbildes vergegenwärtigt sich in der Realität des Abbildes. Zwischen diesen beiden Wirklichkeiten, nämlich der prototypischen und der antitypischen besteht nach den Worten des heiligen Theodor Studita, eines der bedeutendsten Bildtheologen, die Beziehung der *Ähnlichkeit.* Diese gehört der geistlichen Ordnung an und ist dem menschlichen Verstand zugänglich. Diese Sicht überrascht und könnte rationalistisch erscheinen. Aber in Wirklichkeit geht es nicht um den rein natürlichen Verstand. Auf dieser Ebene bliebe die Ikone ja ein einfaches Kunstwerk. Deshalb darf die *Ähnlichkeit* nicht in natürlicher Weise verstanden werden, sondern wie eine Epiphanie, die dem menschlichen Geist aufgeht, insofern er vom Glauben erleuchtet ist. Die Ikone übersteigt deshalb die Fähigkeit des menschlichen Geistes und öffnet sich ihm nur durch die geistliche, das heißt vom Glauben informierte Betrachtung.

Dadurch, daß der christliche Glaube diesen verstandesmäßigen Vorgang bestimmt, vermittelt er dem Materiellen eine neue Würde. Mit der Menschwerdung Christi, dieser untrennbaren Einheit ohne jede Vermischung der Gottheit und der Menschheit, hat sich etwas ganz und gar Neues aufgetan in der Beziehung zwischen Gott und Mensch, zwischen irdischer und himmlischer Wirklichkeit. Seit der Menschwerdung Christi steht das Bild nicht mehr unter dem Verbot des Alten Testaments, sondern es wird legitim und sogar notwendig. Die Ikone entsteht aus der Freude angesichts der Möglichkeit, das Absolute darstellen zu können.

Es ist wohl wahr, daß man die Merkmale der Ikone als Reflex der Offenbarung und der theologischen Vertiefung auch in den Bildnissen des Westens findet. Aber der Ikone ist noch eine andere Bedeutung eigen: Sie wird zum Stempel der himmlischen Welt, der der Materie aufgedrückt ist, und als solche wird sie zum Kultbild. Vermittelt durch die geistliche *Ähnlichkeit* wird die heilige Wirklichkeit im Bild präsent. Auf diese Weise verwandelt sich die Verehrung der Christusikone in Anbetung. Aufgrund dieser Verbindung mit der Welt Gottes wird die Ikone zum Werkzeug der Gnade. Das ist die Glaubenserfahrung der Christen im Osten, die seit den ersten Jahrhunderten weitergegeben wird. In der Betrachtung der heiligen Abbilder nehmen sie die vom Licht Gottes verklärte Welt in sich auf und empfangen »die Kraft gegen das Böse, Heilung der Seele und des Leibes und den Trost des Heiligen Geistes«, wie es im Segensgebet der Ikonen heißt.

Wenn all dies dem Leser dieses Buches bewußt wird, dann wird sich die intellektuelle Wißbegier in eine wirkliche geistliche Entdeckung verwandeln, und der theologische Reichtum dieser Bilder wird sich wie eine Vision darbieten, die das Herz öffnet, um das Gebet zu *ihm* aufsteigen zu lassen, der die Quelle aller Wahrheit und Schönheit ist. Die Ikone wird so zum Ort geistlicher Einswerdung in einer strengen Treue zur Offenbarung Christi.

P. Egon Sendler

Das nicht von Menschenhand gemachte Bild Christi

»Unter Berufung auf Paulus, der das Geheimnis dieser Dinge zum Teil aufgedeckt hat, sagen wir also, daß Mose in diesem Sinnbild vor anderen belehrt wurde über das Geheimnis des Zeltes, das alles umgibt. Es ist in Wahrheit Christus, die Macht Gottes und die Weisheit Gottes; und diese Weisheit Gottes, die nicht von Menschenhand gemacht ward, sondern ihrem Wesen nach unerschaffen ist, hat sich der Schöpfung unterzogen, als es nötig wurde, dieses fleischliche Zelt zu errichten. Und so ist dieses Zelt, je wie man es ansieht, gemacht und nicht gemacht; seinem Wesen nach, da es vor aller Zeit war, ist es unerschaffen; da es aber jene Leibhaftigkeit auf sich nahm, ist es erschaffen und gemacht.«

GREGOR VON NYSSA, Das Leben Moses; PG 382 AB

11

»Was wir mit unseren Augen gesehen haben, was wir geschaut und was unsere Hände angefaßt haben vom Wort des Lebens, ... das verkünden wir auch euch.«
1 Joh 1,1.3

Die »nicht von Menschenhand gemachte« Ikone des Antlitzes Christi zeigt der Legende nach das wirkliche Aussehen Jesu. *Mandylion* heißt das Tuch, auf dem sich das Antlitz des Herrn eingeprägt hat: Jesus selbst, so die Legende, habe dieses Bild dem König Abgar von Edessa zukommen lassen, der, schwer erkrankt, Jesus gebeten habe, ihn zu besuchen. Die Bedeutung dieser Legende besteht vor allem darin, die Geschichtlichkeit Jesu gegen allen Zweifel festzuhalten und jede Abbildung des Herrn auf ein Urbild zurückzuführen, das empfangen und nicht von Menschen geschaffen, also göttlich ist.

Schon das Konzil von Nikaia (325) bestätigte, daß die Zeugnisse über das Aussehen Christi auf Jesus selbst zurückgingen, und das Zweite Trullanische Konzil (691) beschloß, daß die symbolischen Darstellungen des menschgewordenen Wortes (wie die weitverbreitete Darstellung des Lammes) zurückzustehen hätten vor der Darstellung Christi in seinem wirklichen, menschlichen Aussehen. Dieser gebühre der Vorrang.

Die Bezeichnung »nicht von Menschenhand gemacht« *(acheiropoíätä eikon)* für die ikonographische Darstellung des Antlitzes Christi auf dem Hintergrund eines Heiligenscheins, der die Form des Kreuzes trägt, geht mit großer Wahrscheinlichkeit auf den Brauch der öffentlichen Darbietung des heiligen Grabtuches in Konstantinopel zurück. Diese Bezeichnung muß in der griechisch sprechenden Christenheit eine starke Resonanz gehabt haben. Sie war an den ausschließlichen Gebrauch dieses Ausdrucks in einigen Texten des Neuen Testaments gebunden. Gedacht wurde dabei an »das erhabene und vollkommenere Zelt, das nicht von Menschenhand gemacht« ist (Hebr 9,11), oder an den neuen Tempel, »der nicht von Menschenhand gemacht« und der Leib Christi ist (Mk 14,58). Ebenso an die »Beschneidung, die man nicht mit Händen vornimmt« (Kol 2,11), weil sie Gabe des Geistes Christi ist, sowie an das »nicht von Menschenhand errichtete ewige Haus« für die Glaubenden im Himmel (2 Kor 5,1). Das stets wiederkehrende Ad-

jektiv *acheiropoíetos* unterstreicht die souveräne Andersheit Gottes und seiner Macht und zugleich das verwandelnde Eindringen der göttlichen Sphäre als dauernde Liebesgabe in den zerbrechlichen und hinfälligen Bereich des Menschlichen.

Die gegen Ende des 12. Jahrhunderts in Nowgorod geschaffene, byzantinisch inspirierte Ikone des uralten *nicht von Menschenhand gemachten Bildes* stellt gleichsam eine anschauliche Synthese dieses Mysteriums schlechthin dar.

Sie zeigt ein Kreuz in einer hellen kreisrunden Fläche, die ihrerseits einem Quadrat einbeschrieben ist. Diese stark auf einen Mittelpunkt hingeordnete Struktur, die sich beständig zu expandieren scheint, ist schon an und für sich selbst ein universales Symbol des ordnenden und gnadenhaften Einbruchs der Transzendenz (der Kreis steht für die Wölbung des Himmels) in die irdische Wirklichkeit (das Quadrat als lineare Ausdehnung der vierfachen räumlichen Dimension).

Aber in der Ikone deckt sich der Mittelpunkt dieser Struktur, die strahlende Quelle der Bewegung in diesem Bild, mit der idealen Mitte des Antlitzes, die nach den Gesetzen der byzantinischen Ästhetik die Nasenwurzel ist[1]. Dabei legt sich das Kreuz des Opfers Christi (der vom Kreuz beherrschte Glorienschein) über das irdische Viereck. Auf diese Weise wird die Ikone zu einem zusammenfassenden Ausdruck der Geheimnisse von Schöpfung und Erlösung.

Das kräftig gezeichnete Umfeld der Augen und der bogenförmige Schatten der Brauen geben dem Blick größere Tiefe; die asymmetrische Ausrichtung der Pupillen aber öffnet ihn in alle Richtungen.

Die wellenförmige Zeichnung des gescheitelten Haares, Zeichen der Zeit ohne Ende, deutet auf Christus als das ewige Wort. Er ist das der Welt eingeprägte, nicht von Menschenhand gemachte Abbild des Vaters.

Weiß, Gold, Goldgelb und Ocker bilden einen einzigen lichtvollen Farbakkord: in *ihm* ist alles, was ist, Licht geworden.

Der Pantokrator

»Wer ist der, in dem alles erschaffen ward und alles bleibt, in dem
wir leben, wirken und sind, in dem alles ist, was des Vaters ist?
Wissen wir denn nicht schon aus dem, was uns gesagt wurde, daß
der, welcher Gott über allem ist – und dies sind die Worte des heiligen Paulus – unser Herr Jesus Christus ist? Wie er selbst sagt, hält
er alles, was Gottes ist, in Händen; er umfaßt alles, alles in seinem
weiten Griff; alles, was er umfaßt, trägt und beherrscht (krateîn) er;
und der Hand dessen, der alles trägt und beherrscht, entreißt keiner
etwas. Wenn er also alles besitzt und beherrscht, was er besitzt –
wer anders ist er, wenn nicht der Pantokrator, der, welcher alles
trägt, der Allherrscher?«

GREGOR VON NYSSA, Contra Eumonium, PG 45, 525A

15

»Er hat uns das Geheimnis seines Willens kundgetan, wie er es gnädig im voraus bestimmt hat: Er hat beschlossen, die Fülle der Zeiten heraufzuführen, in Christus alles zu vereinen, alles, was im Himmel und auf Erden ist.«
Eph 1,9 f

Leben und Fühlen der Christen in den ersten Jahrhunderten waren zutiefst geprägt von der Erwartung der Wiederkunft des Herrn als Richter am Ende der Zeiten. Bereits um die Mitte des 4. Jahrhunderts führte die Kirche von Antiochien die Erwähnung der »zweiten, herrlichen« und furchterregenden Ankunft« in die Anaphora des Hochgebets ein; und das Thema der Parusie ging über das syrische Mönchtum in die liturgischen Texte des Stundengebets ein, die im gesamten christlichen Orient übernommen wurden.

Diese Erwartung der zweiten Ankunft weitete sich dahin aus, daß der eingeborene Sohn als Herr der Geschichte angesehen wurde, durch den und auf den hin alles geschaffen ist und der in sich alles zusammenführt, um es dem Vater darzubieten (vgl. 1 Kor 15,24). Eine Sicht, die Maximus Confessor in schönster Knappheit so ausdrückte: »Christus enthält in sich alles wie der Mittelpunkt, von dem alle Strahlen ausgehen.«[2]

Ein solches Verständnis mußte sich auch bildlich ausdrücken. Als die Anerkennung des christlichen Glaubens als Staatsreligion (4. Jahrhundert) die Rezeption der offiziellen Kunsttypen durch die christliche Ikonographie förderte, war die Transposition vom weltlichen zum geistlichen Herrscher schon geschehen: Christus als Majestas Domini, auf einem Thronsessel und auf einem Purpurkissen sitzend (Farbe und Gewebe waren dem Kaiser und den Göttern vorbehalten), oder als Brustbild, aber immer in hieratischer Haltung, segnend und ein Buch in der Linken. Das ist die seit dem 5. Jahrhundert meistverbreitete Bildform.

Nach der Krise des Bildersturms setzte sich vom 9. Jahrhundert an im gesamten byzantinischen Raum mit dem Übergang vom Grundriß der Basilika zu dem des griechischen Kreuzes ein grundlegender Wandel in der architektonischen Anlage von Sakralbauten durch.[3] Mit der neuen Bauform entstand nämlich ein Raum,

dem schon von Natur aus große symbolische Bedeutung zukam: die Wölbung der Vierungskuppel, höchster und zugleich zentraler Punkt des Gebäudes. Der Kuppel war in der Regel die Darstellung des Christos vorbehalten, bot sich hier doch die Möglichkeit, die Botschaft von der Allherrschaft des fleischgewordenen Wortes über alles Sichtbare und Unsichtbare bildlich umzusetzen.

Mit dem Ort der Darstellung geht auch ein neues Epitheton des Dargestellten einher. Überdies besaßen die griechischsprachigen Christen schon lange einen Begriff, in dem das Wesen der Herrschaft des auferstandenen Herrn treffend beschrieben ist: *Pantokrator*, der, welcher alles trägt, der Allherrscher. In diesem Beinamen Gottes fand das Aktive der göttlichen Macht seinen Ausdruck. Athanasius faßte das so: »Das allmächtige und heiligste Wort des Vaters durchdringt alles, ist allgegenwärtig mit seiner Kraft; so gibt es Licht allem, was wirklich ist, enthält und umfaßt alles in sich selbst. Nichts Geschaffenes steht außerhalb seiner Macht. Doch aus ihm empfängt alles sein Leben, und von ihm wird es darin erhalten: das Einzelne je nach seiner Art und das Universum in seiner Gänze.«[4]

Das Bild der Umarmung, das immer auftaucht, wo vom Herrn als dem Pantokrator die Rede ist, ist aufs engste gebunden an die Etymologie des Wortes: Pantokrator ist der, welcher *durch die Kraft seines Armes* hält, erhält, umfängt und beherrscht. Höchste Intensität des Ausdrucks findet diese lebenspendende Umarmung in dem Pantokrator des Domes von Monreale, wo der byzantinische Typus der Ikonographie, für den die Kuppel vornehmster Ort der Darstellung war, der Basilikaform sizilianischer Kathedralen angepaßt wurde. Daß das Bild in seinen Ausmaßen die ganze Apsis einnimmt, versinnbildlicht die Glaubenswahrheit, daß der Pantokrator mit sich selbst alles durchwirkt und erfüllt. Was in dem geöffneten Buch zu lesen ist – »Ich bin das Licht der Welt. Wer mir nachfolgt, der wird nicht wandeln in Finsternis« (Joh 8,12) – weist ihn, wie die Geste des Segnens, als Heiland aus.[5]

Endlich verweist auch die bedeutungsvolle bildliche Hereinnahme der verherrlichten Kirche – der Mutter Gottes, der Engel, Apostel und Heiligen – darauf, daß der Pantokrator der ist, dem der Vater »alles zu Füßen gelegt und ihn, der als Haupt alles überragt, über die Kirche gesetzt hat. Sie ist sein Leib und wird von ihm erfüllt, der das All ganz und gar beherrscht« (Eph 1,22 f).

Der Erlöser

>>*Auch befahl er uns, ihm zu folgen, nicht als ob er unseres Dienstes bedurfte, sondern weil er uns sein Heil zuwenden wollte. Denn dem Erlöser nachfolgen, heißt teilnehmen am Heil, und dem Lichte folgen, heißt das Licht erlangen. Die aber im Lichte sind, erleuchten nicht selber das Licht, sondern werden von ihm erleuchtet und erhellt; sie selbst geben ihm nichts, sondern empfangen die Wohltat, vom Lichte erleuchtet zu werden.*<<

IRENÄUS VON LYON, Gegen die Häresien 14,1; PG 7, 1010 B.

»Ich bin das Licht der Welt. Wer mir nachfolgt, wird nicht in der Finsternis umhergehen, sondern wird das Licht des Lebens haben.«
Joh 8,12

Die Eigentümlichkeiten des Pantokrators – markante oder strenge Gesichtszüge, ein unerschütterlicher, manchmal sogar furchterregender Ausdruck, eine machtvolle Gestalt, die wie ein Gefäß erscheint, das eine immense Energie enthält – hatten die Absicht, ein Thema aufzugreifen, dem man im theologisch-monastischen Milieu Konstantinopels stark verbunden war. Es geht hier um das fleischgewordene Wort als Abbild des Vaters, der selber in keiner Weise darstellbar ist.

Während der Blütezeit byzantinischer Schaffenskraft (9.–12. Jahrhundert) vermehren sich die Abbildungen Christi in kleinerem Format. Dennoch drücken sie, bei gleicher kompositorischer Struktur, vor allem aus, daß der Herr der Erlöser der Welt ist, gütig und barmherzig, die Weisheit des Vaters.

Auf unserer Ikone finden wir die Bezeichnung Christi als Erlöser – Ὁ ΣΩΤΗΡ – auf Griechisch unter den obligatorischen Initialen seines Namens: IC XP – Jesus Christus. Diese Ikone wird in dem serbischen Kloster Chilandari auf dem Berg Athos aufbewahrt und geht auf die Zeit der Wiedergeburt der Palaiologen (14. Jahrhundert) zurück. Sie stellt ein außerordentliches Beispiel dieser Richtung der Ikonenmalerei dar, der eine besonders glückliche Hand und ein erfolgreiches Schicksal beschieden waren.

Der uns auf dieser Ikone gegenübersteht, ist nicht so sehr der allmächtige Richter. Die Stirn und der lichtvolle Blick lassen uns vielmehr an Christus als die Weisheit und das Licht der Welt denken. Erfüllt von einer klaren und ruhigen Kraft, erforscht und erleuchtet er jedes Herz. Niemand wird ausgeschlossen von der Güte seines Blickes.

Es ist das, was Simeon der Neue Theologe (10. Jahrhundert) beim Anblick eines ähnlichen Bildes ausdrückte: »In dem Augenblick, da alle Augen fest auf ihn gerichtet sind und in dem er selbst seinen Blick auf unzählige Myriaden richtet, indem er seine Augen stets in unveränderter Stellung beläßt, hat jeder den Eindruck, von ihm gesehen zu werden, das Zwiegespräch mit ihm zu genießen

20

und von ihm umarmt zu sein, so daß niemand sich beklagen kann, übergangen zu werden.«[6]

Das Gericht steht noch aus. Das versiegelte und von Edelsteinen leuchtende Buch mit seinem breiten roten Schnitt, der es optisch auf den Betrachter zukommen läßt, übermittelt symbolhaft die Botschaft dessen, der es öffnen wird. Die ungewöhnliche, bergende Haltung der Hand, selbst voll von Licht, ist in der zärtlichen und bergenden Bewegung Einladung und Segen zugleich: »Solange ihr das Licht bei euch habt, glaubt an das Licht, damit ihr Söhne des Lichtes werdet« (Joh 12,36).

Der Lehrer und Richter

»Was also hat Gott mit dem Menschengeschlecht wiederversöhnt?
Einzig und allein dieses: Gott hat gesehen, wie sein vielgeliebter
Sohn Mensch wurde. Dementsprechend versöhnt er sich mit jedem
einzelnen Menschen, wenn dieser die Gestalt des einzigen Sohnes
annimmt, seinen Leib trägt und sich als ein Geist mit ihm erweist.
Ohne diese Voraussetzung bleibt jedes Individuum für sich der alte
Mensch, der für Gott verabscheuungswürdige Mensch, der nichts
mit ihm gemein hat.«

Nikolaus Cabasilas, Explication de la divine liturgie, XLIV; SC 4,
25

»Richtet nicht nach dem Augenschein; denn dasselbe Maß, mit dem ihr meßt, wird auch für euch gelten.«
(Dieser von Mt 7,1f inspirierte Text ist auf der Ikone zu lesen)

Sowohl in Rußland wie in den anderen Ländern, die die christliche Botschaft am Ende des ersten Jahrtausends aus Byzanz empfingen, trägt die Abbildung Christi in der Haltung des Pantokrators fast immer die Bezeichnung »Ikone des Erlösers« (russisch: *»Spas«*). Dieser Name scheint unabhängig zu sein von der stärkeren oder weniger starken Akzentuierung der richterlichen Funktion im Ausdruck der Gestalt.

Die Christusgestalt ist der Tradition nach mit einer purpurfarbenen Tunika bekleidet. Darüber trägt sie einen tief dunkelblauen Mantel – die Farbe der Transzendenz. In der Linken hält sie ein Buch, das entweder aufgeschlagen oder geschlossen ist. Es handelt sich um das Evangelium oder um das Buch des Gerichts. Mit der Rechten segnet sie, wobei die Haltung der Finger die Buchstabenfolge des Akrostichons ΙΧΘΥΣ nahelegt: Jesus Christus, Sohn Gottes, Erlöser. Auf dem Kreuz im Heiligenschein bilden die griechischen Buchstaben den Namen Jahwes: »Ich bin, der ich bin« (ʹΟΩΝ).

Die schmale Form des Antlitzes mit seiner sehr hohen Stirn und dem kleinen Mund ist charakteristisch für diese Ikone des *Erlösers* aus der Moskauer Schule (15. Jahrhundert). Auch die Schultern, die aufgrund der leichten Drehung des Oberkörpers etwas schmal erscheinen, tragen zur vertikalen Bewegung der Gesamtkomposition bei. Der Unterschied zu den griechisch beeinflußten Werken mit klassischen Proportionen wird sehr deutlich.

Die Gestalt des Christus, von einem inneren Licht erleuchtet, wahrt eine hoheitsvolle Distanz und scheint über dem Betrachter zu stehen. Dessen Blick nämlich wird in den unteren Bereich der Darstellung gelenkt, auf die weite und helle Zone des Evangelienbuches, das aufgeschlagen und damit gewissermaßen doppelt hervorgehoben ist. Ob aufgeschlagen oder geschlossen, das Buch hat in jedem Fall einen tiefen symbolhaften Wert: Im Gegensatz zur versiegelten Rolle hat es die Bedeutung der Offenbarung, die in Christus geschehen ist.

»Und ich sah auf der rechten Hand dessen, der auf dem Thron saß, eine Buchrolle. Aber niemand im Himmel, auf der Erde und unter der Erde konnte das Buch öffnen und es lesen. Und ich sah: Zwischen dem Thron und den vier Lebewesen und mitten unter den Ältesten stand ein Lamm; es sah aus wie geschlachtet ... Das Lamm trat heran und empfing das Buch aus der rechten Hand dessen, der auf dem Thron saß« (Offb 5, 1–7 pass.). Nur das Lamm Gottes, das fleischgewordene Wort, »führt das Buch von der spiralförmigen Rollengestalt zur rechteckigen, aufgefalteten und ausgedehnten Form«.[7] Allein Christus läßt also den Sinn der Geschichte verstehen, indem er den rettenden Willen des Vaters offenbart. Das Buch wird auf diese Weise zum Buch des Lebens.

Die Hand des Herrn mit ihrer überaus zarten Geste befindet sich im Kreuzungspunkt der zweifachen inneren Bewegung der Ikone. Sie stellt ein Gegengewicht dar zum Ausdruck erhabener Souveränität des göttlichen Richters, zu dessen Blick, der in die verborgensten Winkel des Herzens eindringt.

Das Abbild des Vaters

»Nachdem der Herr die menschliche Natur angenommen hat, kommt er zu uns. Doch auch nach dieser Erscheinung, oder – göttlicher noch – in ihr, bleibt er verborgen. Da aber das Geheimnis Jesu verborgen bleibt und weder im Wort noch im Geist Ausdruck findet, bleibt es unbekannt; also daß es geheimnisvoll bleibt, wenn es genannt wird, und unbekannt, wo man es begreift.«

<small>Pseudo-Dionysius Areopagita</small>, Brief III; PG 3, 1079 B

»Mir ist von meinem Vater alles übergeben worden; niemand weiß, wer der Sohn ist, nur der Vater, und niemand weiß, wer der Vater ist, nur der Sohn und der, dem es der Sohn offenbaren will.«
Lk 10,22

Als von der Kirche amtlich anerkannte Form kirchlichen Heilsdienstes, weil Theologie – Reden von Gott – durch das Bild, ist die Ikonenmalerei über Jahrhunderte hinweg Menschen anvertraut gewesen, deren Leben ganz und gar Gott geweiht war. Denn ihr Leben konnte ihnen helfen, dem nunmehr leuchtenden Spiegel ihrer Seele »das reine Abbild der Schönheit ohne Makel«[8] einzuprägen. Eben darin lag der Sinn des geistlichen Weges des Hesychasmus, der im östlichen Mönchtum am weitesten verbreitet war: im Gedenken Jesu durch unablässiges Beten, sakramentales Leben, Reinigung der Sinne und insbesondere durch den Verzicht auf jegliche Aktivität der Einbildungskraft. So wollte man, wie Gregor Palamas es nahelegte, wie die Engel im Licht des Ursprungs stehen, um durch sich selbst die Faszination der verborgenen Schönheit und den strahlenden und unzugänglichen Glanz Gottes zu vermitteln.
Dies »Durchscheinen« Gottes im geistlichen Menschen ist eng verbunden mit der in der Ikone enthaltenen »Gegenwart«, die auch die Verehrung des Bildes rechtfertigt: eine geistliche Präsenz der heiligen Person oder des dargestellten Geheimnisses, die durch die schöpferische Leistung des Ikonographen ermöglicht wurde.
Solch strahlende Gegenwart des Geheimnisses Christi begegnet uns in der Ikone des Erlösers von Andrej Rublew (1360 bis ca. 1430), dem größten russischen Ikonenmaler. In seinem Bild ist die Fähigkeit des geistlichen Menschen, die ungeschaffene Schönheit und Güte durchschimmern zu lassen, fast mit Händen zu greifen. Sobald die Quellen befragt werden, aus denen er schöpft, läßt sich besser verstehen, daß der Grund dieser sinnlich wahrnehmbaren Vermittlung Christus selber ist: Im Denken des Irenäus verbindet sich die Manifestation des Geheimnisses des Vaters in Christus – »Der Sohn ist die Sichtbarkeit des Vaters«[9] – mit der Wiederherstellung des geschöpflichen Abbildes, das der Mensch ist: »In den früheren Zeiten wurde gesagt, daß der Mensch nach dem Bilde

Gottes erschaffen sei, aber es wurde nicht gezeigt. Denn noch unsichtbar war das Wort, nach dessen Bild der Mensch gemacht worden war. Deshalb verlor er auch so leicht die Ähnlichkeit. Als aber das Wort Gottes Fleisch geworden war, befestigte es beides: Es zeigte das wahre Bild, indem es das wurde, was sein Bild war; und es stellte die Ähnlichkeit sicher, indem es den Menschen dem unsichtbaren Vater durch das sichtbare Wort ähnlich machte.«[10]

Einmütig ist die tiefe Menschlichkeit hervorgehoben, die in dieser Ikone des Erlösers, der zentralen Figur der *Deësis von Swenigorod*[11], Gestalt wird. Die hieratische Starrheit, wie sie dem Pantokrator eigen ist, ist hier verschwunden. Die Bewegung des Lebens wird zum einen durch die leichte Drehung des Oberkörpers vermittelt, der zu drei Vierteln dargestellt wird, zum anderen durch eine gewisse Asymmetrie des Antlitzes, das frontal wiedergegeben wird. Damit wird der Eindruck erweckt, als wende sich die Gestalt just in diesem Augenblick, um ihr Gegenüber anzuschauen.

Feinheit und Zartheit sind das beherrschende Merkmal der Gestalt. Die rosige Farbe, der blonde Bart, von dem man eben die Umrisse sieht, der außergewöhnlich kleine Mund, der haselnußbraune schmale Strich des Brauenbogens, der die Augen nicht versenkt: das alles trägt dazu bei, einen Eindruck von jungem Leben, von Sanftheit und Güte zu erwecken.

Und doch, es ist der Herr. Wer die Gestalt unvoreingenommen betrachtet, dem wird nicht entgehen, daß die menschlichen Qualitäten, die in ihr Ausdruck finden, einen absoluten Wert besitzen. Er ist nicht nur die Idealgestalt der menschlichen Güte, sondern die Güte selbst, *die* Milde, *die* Barmherzigkeit. Und auch *die* Wahrheit und Gerechtigkeit in jener für Menschen unmöglichen, vollkommenen Synthese von Gerechtigkeit und Güte, die Gott eigen ist. Einige kompositorische Elemente tragen zweifelsohne dazu bei, auf diese zweifache Wertigkeit zu verweisen: die unnatürlich verlängerten Proportionen der ganzen Gestalt und der vertikale Verlauf aller Linien, die enorme Kraft des Halses, die in gewisser Weise mit der Zartheit des Gesichtes kontrastiert, und schließlich auch das Licht unter den Augen und auf der Stirn, das den oberen Teil des Antlitzes hervorhebt. Wie es Andrej Rublew gelungen ist, auf dieser Ikone das Geheimnis des menschgewordenen Gottes durchscheinend werden zu lassen, gehört wohl zum Unsagbaren des künstlerischen Schaffens und des persönlichen Glaubens.

Christus und die himmlischen Mächte

»Wir predigen nicht bloß eine *Ankunft Christi*, wir verkünden auch noch eine zweite, eine noch viel herrlichere als die erste. Die eine war Leidensoffenbarung, die andere zeigt das Diadem göttlicher Herrschaft. ...

Bei der ersten Ankunft war er in einer Krippe in Windeln eingewikkelt, bei der zweiten umkleidet er sich mit Licht. Bei der ersten Ankunft trug er, der Schmach nicht achtend, das Kreuz; bei der zweiten wird er in Begleitung eines Heeres von Engeln in Herrlichkeit kommen. ...

Unser Herr Jesus Christus wird von den Himmeln kommen. Am Ende dieser Welt, am Jüngsten Tage, wird er mit Herrlichkeit kommen. Diese Welt nimmt ein Ende; erneuert wird diese erschaffene Welt.«

CYRILL VON JERUSALEM, Katechese 15; PG 33, 870 A; 871 C

*»Oberhalb der Platte über ihren Köpfen war etwas, das
wie Saphir aussah und einem Thron glich. Auf dem, was
einem Thron glich, saß eine Gestalt, die wie ein Mensch
aussah.«*
Ez 1,26

Unermeßliche Kraft, äußerste Schärfe der Umrisse, gewaltige, expandierende Energie um einen Lichtkern: wer kann sich vorstel-
len, daß dieses Wunder Andrej Rublews keine 20 Zentimeter an
Höhe erreicht? So stellt sich die Frage, ob hier nicht die Absicht
vorliegt, durch die Paradoxie solcher Kleinheit die unermeßliche
Herrlichkeit dessen darzustellen, der auf den Kerubim thront.
Es handelt sich bei dieser Darstellung um eine Vision großer syn-
thetischer Kraft, in der mannigfache Aspekte des Geheimnisses
um das fleischgewordene Wort zusammenfließen. Auf einem
Thron sitzend, der getragen ist von den Feuerrädern der Kerubim
und umgeben von den Seraphim, erscheint die Gestalt gemäß den
hier miteinander verbundenen Visionen Ezechiels und Jesajas in
erster Linie als der Schöpfer und Herr des Universums, das sich
um ihn herum ordnet. Es wird dargestellt durch den Rhombus in
roter Farbe, der für die Erde steht, und durch die in Grün gehaltene Ellipse des Himmels. Auch der in Weiß fein gezeichnete
Thron nimmt die kosmische Symbolik in sich auf durch seinen
kubischen Sitz, den Rücken- und Armlehne im halbkreisförmigen
Bogen überragen. Der rechteckige Fußschemel unterstreicht noch-
mals seine Herrschaft: »Der Himmel ist mein Thron und die Erde
der Schemel für meine Füße« (Jes 66,1).
Das glühende Rot der beiden Rhomben, durch das dunkle Grün,
das sie trennt, noch hervorgehoben, evoziert das Geheimnis dessen, der unzugängliche Finsternis und Licht zugleich ist: »Jene Finsternis, von der man wenig gesagt hat, wenn man versichert, daß
sie funkelt von dem allerleuchtendsten Licht im Schoße der
schwärzesten Dunkelheit«, wie Dionysius Areopagita zu sagen
pflegte. Die »wie glänzendes Gold in einem Feuerschein« (Ez 1,27)
dargestellte Gestalt des Christus-Logos, die sich stark abhebt vom
feurigen Rot, sogar dessen Dominanz dämpft, kündigt mit der
schweigenden Evidenz der Vision an, daß die lichtvolle göttliche
Finsternis sich als Licht für die Menschen geoffenbart hat.

32

Sicher war das für den Hesychasmus zentrale Thema der Manifestation des ungeschaffenen Lichtes im fleischgewordenen Wort dem seligen Andrej nicht fremd. Seine Lebensspanne, die sich vom 14. in das 15. Jahrhundert hinüber erstreckt, fällt nämlich in die Zeit, da die hesychastische Spiritualität in Rußland ihre weiteste Verbreitung hatte.

Den Wagen Jahwes evozierend, verbinden die geflügelten Feuerräder die Symbolik des Thrones mit der äußeren Vierecksform, in der tetramorphisch die vier lebenden Wesen – Mensch, Löwe, Stier und Adler – der prophetischen Schau Ezechiels erscheinen: »Ich sah: Ein Sturmwind kam von Norden, eine große Wolke mit flakkerndem Feuer umgeben von einem hellen Schein. Aus dem Feuer strahlte es wie glänzendes Gold. Mitten darin erschien etwas wie vier Lebewesen. ... Die Lebewesen änderten beim Gehen ihre Richtung nicht: Jedes ging in die Richtung, in die eines seiner Gesichter wies« (Ez 1,4f.9b). Diese Viergestaltigkeit ist schon in der Schöpfungsordnung Symbol für die fügende Allgegenwart Gottes; doch in der Ordnung der Gnade bezeichnet sie die rettende Offenbarung, die durch die Evangelisten an den vier Enden der Erde verkündet wird. Christus, der Herr, hält das Evangelium als reines und weißes Licht. Es ist der leuchtende Kern der ganzen Ikone. Christus selbst ist der Ursprung der vier goldenen Strahlenbündel; er erscheint so als das sich ausbreitende und alles erfassende Zentrum der neuen Schöpfung.

Doch der in dieser Ikone zum Ausdruck gebrachte Reichtum der Aspekte des Mysteriums Christi erschöpft sich hiermit noch nicht. Insofern Christus in pures Gold, das *assist,* wie die Ikonenmaler es nannten, gekleidet ist, erscheint er wie ein Blitz auf dem Hintergrund der doppelten Viereckform. Er ist der Richter des achten Tages, der Herr der Geschichte. Die Schrift sagt von ihm: »Denn er muß herrschen, bis Gott ihm alle Feinde unter die Füße gelegt hat« (1 Kor 15,25).

Insofern jedoch der ernste, alles erforschende Ausdruck seines Antlitzes, das ganz von innen her leuchtet, im Lichte der Worte betrachtet wird, die in dem aufgeschlagenen Buch zu lesen sind – »Kommt alle zu mir, die ihr euch plagt und schwere Lasten zu tragen habt. Ich werde euch Ruhe verschaffen« (Mt 11,28), ist er der Barmherzige, der Menschenfreund, jener, der ein Gesetz der Freiheit erläßt und nach diesem Gesetz richtet.

Die Jungfrau des Zeichens

»*Dieser Sohn Gottes also, unser Herr, ist das Wort des Vaters und der Sohn des Menschen. Denn insofern er aus Maria, die von Menschen abstammte und daher selbst ein Mensch war, sein Dasein empfing, ist er der Sohn des Menschen geworden. Deswegen gab auch der Herr selbst uns ein Zeichen in der Tiefe und in der Höhe oben, das der Mensch nicht verlangt hatte, weil er gar nicht hoffte, daß eine Jungfrau schwanger werden, einen Sohn gebären und Jungfrau bleiben könne. Und dieser ihr Sohn war Gott mit uns, stieg hinunter in die Tiefen der Erde, um das verlorene Schaf zu suchen, das doch sein eigenes Geschöpf war, und stieg hinauf in die Höhe, um seinem Vater den wiedergefundenen Menschen darzubieten und zu empfehlen ...*«.

IRENÄUS VON LYON, Gegen die Häresien III,19,3; PG 7, 941 B

35

»Darum wird euch der Herr von sich aus ein Zeichen geben: Seht, die Jungfrau wird ein Kind empfangen, sie wird einen Sohn gebären, und sie wird ihm den Namen Immanuel geben.«
Jes 7,14

Für das erste, *nicht von Menschenhand gemachte* Bild Christi wurde ein geschichtlicher Ursprung angenommen und anerkannt. Indem die kirchliche Überlieferung dem Evangelisten Lukas die ersten Darstellungen der Jungfrau Maria zuschrieb, drückte sie eine zweifache Wahrheit aus: daß die Person Marias geschichtlich eng mit den Ereignissen der Erlösung verbunden war und daß ihre Gestalt nur im Licht des Glaubens verstanden werden kann.
Wie die ersten Darstellungen des Herrn, so stammen auch jene der Jungfrau und Mutter aus dem ikonographischen Erbe. Dazu gehörte die Darstellung der Pieta – eine Betende, die die Arme zum Himmel erhebt –, Ausdruck der Ehrerbietung für Gott. Diese Darstellungsform wurde im christlichen Bereich zum ikonographischen Muster des Oranten, mit der man einen Verstorbenen als Christen darstellte, insbesondere den Märtyrer, Typus des wahrhaft Glaubenden, der von Christus das Leben erwartet.
Die aufrecht stehende Gestalt, die die Arme in symmetrischer Form erhebt, entfaltet ihren ganzen symbolischen Reichtum, wenn sie, wie es schon vom 5. Jahrhundert an geschieht, die Jungfrau Maria darstellt. Die Geste der Hände, die Innenflächen nach oben gewandt, drückt die Erwartung der Gabe Gottes aus und die Bereitschaft, sich »von oben« mit Gnade überhäufen zu lassen. Die erhobenen Hände verzichten geradezu darauf, autonom in die Geschichte einzugreifen. Sie bilden eine unsichtbare Auffangschale, die Gott wird füllen können und aus der das Wasser des Lebens wie aus dem Becken eines Brunnens hervorfließen wird.[12]
Es verwundert deshalb nicht, daß diese Darstellung der heiligen Jungfrau als Orantin – nach dem Namen des Heiligtums in Konstantinopel *Blacherniotissa* genannt – im 9. Jahrhundert durch die Darstellung des Kindes im Inneren eines Medaillons vervollständigt wurde. Es waren die am Kaiserhof üblichen Bräuche, die diese ikonographische Lösung anregten: So wie die Bildnisse der Kaiser und Konsuln den Untertanen zur Verehrung dargeboten wurden,

so trugen die Kaiserinnen und die Würdenträger des Hofes auf der Brust eine eingestickte Darstellung des Souveräns als »Zeichen« seiner höchsten Autorität.[13]

Die Orantin mit dem Kind im Medaillon ist daher keine historische Darstellung der Mutter mit ihrem Sohn, sondern die »Jungfrau des Zeichens«, wie man sie auf russisch nennt: Jene, die nach der Prophezeiung des Jesaja der Welt die Ankunft der Heilszeit in der Menschwerdung des Wortes »anzeigt«. Als privilegierte, ja vornehmliche Trägerin des »Zeichens«, ist die Jungfrau in Orantenhaltung gleichzeitig diejenige, die für die Menschen eintritt und die göttliche Gnade vermittelt: »Um unsere Sache zu verteidigen, breitet sie über die Welt ihre unbefleckten Hände aus.«[14]

Von der Apsis der Kathedrale von Jaroslawl aus erleuchtete die majestätische, im byzantinischen Stil gehaltene Ikone der Großen *Panhagia* – der ganz und gar Heiligen – die Gemeinde mit der Verkündigung der Gabe des Vaters: »Das Wort Gottes, Jesus Christus, unser Herr, hat sich aus seiner übergroßen Liebe zu dem gemacht, was wir sind, um aus uns das zu machen, was er selber ist.«[15]

Konstantin der Weise, Fürst von Rostow und Wladimir, ein großer Kenner und Liebhaber der griechisch-byzantinischen Kunst und Kultur, den man gerne als »zweiten Salomo« bezeichnete[16], hatte diese Ikone für die neue, im Jahre 1215 geweihte Kathedrale des großfürstlichen Palastes in Auftrag gegeben.

Die Darstellung auf unserer Ikone übersteigt die natürliche Größe. Die klassisch proportionierte Gestalt der betenden Jungfrau ist in einen vollkommen ausgewogenen kompositorischen Kontext eingebettet. Es läßt sich kaum übersehen, wie die Ausweitung ihres Mantels das umgekehrte Dreieck im oberen Bereich mit dem großen Rechteck im unteren Teil des Bildes verbindet. Das Dreieck wird beschrieben durch die diagonale Haltung der Arme Mariens und durch die kreisförmigen Gebilde in den oberen Ecken des Bildes, das Rechteck durch den großen sockelartigen Teppich.

Der Purpur des *Homophorion*, des Mantels, und das Rot des Teppichs mit seinem reichen Laubwerkmuster stimmen harmonisch zu dem dunklen Grün des Kleides. Das warme Gold des Hintergrundes schimmert aus den Falten von Kleid und Mantel durch, da, wo normalerweise ein hellerer Ton aufgetragen wird. Daraus ergibt sich die Wirkung strahlenden Lichtes, die durch das Weiß der Heiligenscheine noch intensiviert wird.

Die Gottesmutter Hodegetria

»Da Gott das Abbild aller Schönheit schaffen und seine eigene Ähnlichkeit sowohl den Engeln wie den Menschen schenken wollte, hat er Maria mit seiner eigenen vollkommenen Schönheit geformt. Er hat in ihr die einzelnen Schönheiten, wie sie auf die Geschöpfe gemäß ihrer Ordnung verteilt sind, zur Einheit zusammengeführt und hat sie eingesetzt zur allgemeinen Zierde aller Wesen, seien sie nun sichtbar oder unsichtbar. Oder so: Er hat sie erscheinen lassen als die Zusammenfassung aller Schönheiten Gottes, der Engel und der Menschen und als höchste Schönheit, die beide Welten ziert.«

GREGOR PALAMAS, In Dormitionem; PG 151, 468 AB

»Alles an dir ist schön, meine Freundin;
kein Makel haftet an dir.«
Hohes Lied 4,7

Nachdem das Christentum im 4. Jahrhundert den Sieg davongetragen und das Konzil von Ephesus im Jahre 431 die Gottesmutterschaft Mariens – *Theotokos* – dogmatisch definiert hatte, war der Weg offen für eine Darstellung der Mutter mit dem Kind, die von der kaiserlichen Ikonographie inspiriert war. Im Osten wie im Westen mehren sich Bildnisse der Jungfrau, die als Majestät auf dem Thron sitzt und dabei ihr Kind darbietet, das der Sohn Gottes ist.
Dieses ikonographische Muster führte im byzantinischen Einflußbereich zu zwei gleichermaßen hieratischen wie regalen Darstellungen: die *Panhagia Nikopóia,* eine majestätisch und in strenger Haltung sitzende Muttergottes, die mit beiden Händen das Kind vor sich hält, und um die *Panhagia Hodegetria.* Diese wird entweder aufrecht stehend oder als Brustbild dargestellt, wobei sie das Kind auf dem Arm hält. Nach dem Sieg über die Bilderstürmer (843) erfuhren diese Darstellungen zusammen mit der Blacherniotissa ihre weiteste Verbreitung. Dies lag zum einen an der beständigen Anrufung der Muttergottes im öffentlichen Kult der Kirche und in der privaten Frömmigkeit. Zum anderen aber auch daran, daß eine große Zahl von Kunstwerkstätten entstand, in denen die in den großen Heiligtümern Konstantinopels verehrten Ikonen reproduziert wurden.
Die Muttergottes Hodegetria, für die diese byzantinische Ikone aus dem 14. Jahrhundert ein schönes Beispiel liefert, war nach einer Kirche Konstantinopels benannt, die den Namen Kirche der Wegweisung (»hodegoi«) trug und in der ein ähnliches Bildnis als Werk des Evangelisten Lukas verehrt wurde. In der Folgezeit wurde dieser Name auf die in der Ikone dargestellte Person bezogen: Maria als »Weiserin des Weges«.
Christus ist hier als Erwachsener dargestellt. Er sitzt aufrecht auf dem Arm der Mutter, segnet als Erlöser und hält in der Linken das aufgerollte Evangelium. Sein golddurchwirktes Gewand, an dem des antiken Weisen orientiert, ist das priesterliche und königliche Kleid des fleischgewordenen Wortes.
Die Mutter ist eingehüllt in einen Purpurmantel mit goldenem

Saum. Sie übt nicht – wie in der westlichen Kunst – eine beschützende Rolle gegenüber ihrem Sohn aus, sondern stellt ihn den Menschen dar, indem sie zugleich bei ihm für jene eintritt. In der Tat drückt ihre Rechte mit bedeutungsschwangerer Geste zugleich das Empfangen und das Schenken aus. Der Ausdruck ist ernst, voller souveräner Gelassenheit, der Blick unmittelbar auf den Betrachter gerichtet.

Etwas wie geistliche Architektur prägt die Komposition der Antlitze: die unrealistisch vergrößerte Kuppelform des Hauptes als Sitz des Geistes, der die Sinne des Leibes beherrscht, verkündet die Gottähnlichkeit der menschlichen Kreatur. Die geometrisch nachgeformten Gesichtszüge umreißen ebenfalls diesen lebendigen Tempel, der der Mensch ist. Die feine Linie des Nasenbeins trägt die Bögen der Augenbrauen, unter denen sich die Augen weit öffnen für die Betrachtung und aus denen das innere Licht hervortritt.[17]

Auch die Farbkomposition ist voll von spiritueller Bedeutung. Die große dunkle Fläche des Mantels, den die Jungfrau trägt, hebt sich wie ein einziger Block gegen den goldenen Hintergrund ab. Dies ist das ideale chromatische Umfeld der byzantinischen Mosaiken und Ikonen: Da Gold keine Lichtquelle braucht, ist es keine »Farbe« im eigentlichen Sinn des Wortes, sondern ein absoluter Lichtwert; denn es erlaubt jenen Dualismus von Licht und Schatten nicht, ohne den Irdisches nicht begreifbar ist.[18]

Durch solch sichtbare symbolhafte Gleichung wollten das Denken und die Kunst Byzanz' das christliche Glaubensfaktum des Eintauchens von heilsgeschichtlichen Personen und Ereignissen in das Geheimnis Gottes ausdrücken.

Unterhalb der obligatorischen Initialen MP ΘY, die die Würde Mariens als Mutter Gottes zum Ausdruck bringen, hat der Ikonograph den Ehrentitel »Hä períbleptos« hinzugefügt: die Wunderbare.[19] Gnade und Schönheit verbinden sich in der Allerreinsten, die Gott selbst der Welt gezeigt hat »als Synthese aller Schönheit Gottes, der Engel und der Menschen und als höchste Schönheit, die die beiden Welten ziert.«[20]

Die Gottesmutter Hodegetria
im Westen

»Wir grüßen dich, Maria, Mutter Gottes, verehrungswürdiger Schatz der ganzen Schöpfung!
Erfreue dich, die du in deinem jungfräulichen Schoß den empfangen hast, der unermeßlich und unendlich ist.
Durch dich wird die heiligste Dreifaltigkeit verherrlicht und angebetet. Durch dich wird das kostbare Kreuz an jedem Ort der Erde gefeiert.
Durch dich erlangen die Gläubigen die Gnade der heiligen Taufe. Durch dich kommt das Öl der Freude.
Durch dich wurden die Kirchen im ganzen Erdkreis gegründet. Durch dich also ist alles in der Freude.«

CYRILL VON ALEXANDRIEN, 4. Homilie; PG 77, 991BC

Die Ikone der Gottesmutter Hodegetria in der Abteikirche St. Nilus in Grottaferrata bei Rom ist den klassischen byzantinischen
Hodegetria-Darstellungen sehr ähnlich und zugleich doch sehr an-
dersartig. Sie erlaubt uns einen Einblick in die komplexe Welt der
kulturellen Bindungen zwischen dem byzantinischen Osten und
dem lateinischen Kulturraum, vor allem Italien, zu Beginn des
zweiten Jahrtausends.
Schon die Anfänge der Abtei sind bedeutungsvoll. Sie wurde im
11. Jahrhundert vom heiligen Nilus gegründet, einem hochverehr-
ten Mönch griechischer Herkunft und gebürtig aus Rossano Cala-
bro in Kalabrien. Wie viele andere Mönche Kalabriens und Süd-
apuliens mußte er seine Heimat aufgrund ständiger Sarazenenüber-
fälle verlassen. Verschiedene Mönchsgemeinschaften des griechischen Ritus fanden zu der Zeit in Mittelitalien Unterschlupf. Jedoch bewahrten sie enge Bindungen zu den Mutterkommunitäten
des italienischen Südens.
In diesen historischen Kontext fügt sich ein Jahrhundert später die
Kreuzzugsbewegung. Damit wird das Auftauchen dieser besonde-
ren Hodegetria-Ikone in Grottaferrata nun in zweifacher Hinsicht
verständlich. Mit großer Wahrscheinlichkeit ist sie zu Beginn des
13. Jahrhunderts auf Zypern entstanden.[21] Nach Latium mußte
sie über Apulien gekommen sein, das in jenen Jahren zum neural-
gischen Transitgebiet für die Reise in das Heilige Land und zu den
griechischen Inseln geworden war.
Es bleibt letztlich unerheblich, ob das Bild nun Werk eines zyprio-
tischen oder aber eines der zahlreichen italienischen und französi-
schen Künstler ist, die im Gefolge der Kreuzzüge nach Palästina
und Zypern kamen, wo sie blühende Kunstwerkstätten gründeten
und sich die »griechische Manier« zu eigen machten. Interessant
aber ist es, daß der Ausdruck »griechische Manier« im Florenz des
13. Jahrhunderts den neuen Malstil bezeichnet.
Die Jungfrau von Grottaferrata steht für die Transformation des
klassischen byzantinischen Malmusters mit seiner hieratischen
und spiritualisierten Form in den Typ eines naturalistischeren
Bildes.

Es gibt mehrere Gründe für diese Veränderung, die in der russischen Ikonographie als direkter Erbin Byzanz' nicht festzustellen ist: größere künstlerische Freiheit der byzantinischen Provinz gegenüber den höfischen Modellen der Hauptstadt, aber auch der Einfluß der syrischen Kunst, die sich narrativer und ornamentaler gab. Und schließlich spielte in einem wohl noch nicht bekannten Maß der Beitrag der westlichen Künstler eine Rolle.

Der Unterschied zwischen der westlichen und der östlichen Ikonographie besteht dabei wohl nicht so sehr in der größeren Bedeutung, die erstere der Gefühlssphäre gibt – das gleiche geschieht ja auch beim klassischen Typ der *Eleoúsa,* der barmherzigen Gottesmutter –, als vielmehr im Fehlen jenes intensiven inneren Lebens, das die reine byzantinische Ikonographie charakterisiert.

Auf unserer Ikone sind einige Elemente charakteristisch für diese Veränderung. So der reliefartige Eindruck, den die Antlitze durch den starken Kontrast zwischen ihren grünlichen Rändern und den aprikosenfarbenen hellen Hautoberflächen vermitteln; der Kopf des Kindes bekommt natürliche Proportionen; das Nasenbein der Jungfrau erscheint als typisches physiognomisches Merkmal der mittelorientalischen Frau; die Rahmung des Bildes weist deutlich syrische Inspiration auf. Nicht weniger bedeutsam scheint uns auch, daß die feinen weißen Lichtspuren, durch die das innere Licht hervortritt, verschwunden sind.

Hier beginnt die Manifestation eines anderen Empfindens. Doch wäre es falsch, von vornherein seinen Wert zu leugnen, auch wenn wir wissen, daß es zu einer Kunst des rein menschlichen Ausdrucks führt. Geradezu allzu menschlich wird sie religiöse Themen darstellen und nicht mehr das innere Streben nach dem Abbild des Unsichtbaren bezeugen.[22]

Die Gottesmutter von Wladimir

»Der Weinberg des Bräutigams, gepflanzt in der fruchtbaren Erde von En-Gedi (d. h. im Grunde der Seele) und bewässert durch die göttlichen Weisungen und so gewachsen, trägt diese aufgeblühte Traube, in welcher er den eigenen Gärtner und Winzer wiedererkennen kann.

O seliger Acker, dessen Frucht Ähnlichkeit mit der Schönheit des Bräutigams erhält. Denn in der Tat: Dieser ist das wahre Licht, das wahre Leben und die wahre Gerechtigkeit, wie die Weisheit sagt, und aller Reichtum. Wenn jemand mit seinen Werken das wird, was der Bräutigam ist, dann wird er den Bräutigam selbst entdecken beim Betrachten der Traube des eigenen Gewissens. Denn er läßt in seinem strahlenden und makellosen Leben das Licht der Wahrheit widerscheinen.«

Gregor von Nyssa, Auslegung des Hohenliedes IV; PG 44, 829B

»Seine Mutter bewahrte alles, was geschehen war, in ihrem Herzen.«
Lk 2,51

Gegen Ende des 11. Jahrhunderts, als man nach dem Ikonoklasmusstreit den Akzent stärker auf das totale Mysterium Christi in der Inkarnation und seinem heilbringenden Tod legte, beginnt die Gestalt der *Theotokos* menschlichere Züge anzunehmen. Dies wird besonders im Ikonentyp der Eleousa deutlich, in der Darstellung der Barmherzigen. Die heilige Jungfrau wird uns hier geneigt, betend gezeigt, und zwar entweder allein oder das Kind auf dem Arm haltend, das seine Wange an die der Mutter schmiegt.

In dieser Haltung drückt sich jedoch nicht so sehr die mütterliche Zartheit Mariens aus als vielmehr ihre Macht, den Sohn im Herzen anzurühren. Sie bleibt immer jene, die voller Barmherzigkeit beim Sohn Fürsprache einlegt für das Menschengeschlecht. Auch die russische Bezeichnung *Umilenie* für diesen ikonographischen Typ besitzt die gleiche Bedeutung: mitleidsvolle Zärtlichkeit.

Die byzantinische Ikone der Eleousa wurde Anfang des 12. Jahrhunderts nach Rußland gebracht und lange Zeit in der Stadt Wladimir, nach der sie auch benannt ist, aufbewahrt. Über die Zeiten hinweg verkündet sie das Wunder derer, die Jungfrau und Mutter zugleich ist. Vielleicht ist es ihr Blick, der sich nicht auf das Kind richtet, sondern in die Ferne und gleichzeitig nach innen schaut, der das Geheimnis Mariens am stärksten hervortreten läßt.

Sie hat nach dem Fleisch wirklich den Sohn Gottes geboren. Weil sie gänzlich mit ihm eins geworden und ganz und gar leer ist von äußeren Bildern, hat sie als Gestalt reiner Liebe dem Willen Gottes zugestimmt, in ihr fruchtbar zu werden: »Der Heilige Geist wird über dich kommen, und die Kraft des Höchsten wird dich überschatten« (Lk 1,35).

Ein großer geistlicher Schriftsteller erläutert dieses Mysterium so: »Daß der Mensch Gott in sich aufnimmt, ist gut, und in dieser Aufnahmebereitschaft ist er jungfräulich; aber daß Gott in ihm fruchtbar wird, ist besser. Denn fruchtbar werden aufgrund der empfangenen Gabe, heißt dankbar sein für diese Gabe.«[23]

Dankbarkeit aber schließt das Gefühl des Besitzens aus. Deshalb besitzt Maria, die Jungfrau und Mutter, ihren eigenen Sohn nicht,

48

sondern läßt ihn immer neu geboren werden und nimmt ihn auf als die absolute Gabe. In diesem radikalen Loslassen ihres Sohnes besteht die wesentliche geistliche Dimension ihres Mutterseins.

Ihr Sohn, der sie in diesem Sinn als Jungfrau wußte, mutet ihr vom Kreuz aus den allergrößten Verzicht zu: »Frau, siehe, dein Sohn!« (Joh 19,26) Indem er sie mit diesen Worten seinem Lieblingsjünger zur Mutter gibt, ermöglicht er, daß sie in einzigartiger Weise am Erlösungsgeheimnis teilhat als Mutter aller Menschen.

In diesem Sinn bedeutet ihr in die Ferne gerichteter Blick auch ihr Wahrnehmen des Menschen, der sie anruft, und des Sünders, der um die Fürsprache der Barmherzigen fleht.

Die Ordnung der Deësis

»Die Säulen bezeichnen also den Unterschied zwischen der sinnenhaften Welt und der unsichtbaren Welt. Sie sind wie ein Firmament, das die geistigen Wirklichkeiten von den körperlichen trennt. Sie bezeichnen zudem, wie gegenüber dem Altar, der Christus ist, diejenigen, die ihn verkündigen und uns bestärken, die die Säulen der Kirche sind. So bedeutet der Architrav, der die Säulen verbindet, das Liebesband und die Gemeinschaft in Christus, das die Heiligen auf Erden mit denen im Himmel verbindet.
Aus demselben Grunde befindet sich oberhalb des Architravs, in der Mitte zwischen den heiligen Ikonen der Erlöser und ihm zu Seiten die Mutter und der Täufer, die Engel und die Erzengel, die Apostel und die anderen Heiligen, damit wir verstehen, daß Christus, so wie er im Himmel mit seinen Heiligen ist, jetzt mit uns ist und daß er wiederkommen wird.«

SIMEON VON THESSALONIKI, De sacto templo; PG 155, 345 CD

51

»Ihr seid ... Mitbürger der Heiligen und Hausgenossen Gottes, gebaut auf das Fundament der Apostel und Propheten; der Schlußstein ist Christus Jesus selbst.«
Eph 2, 19 f

Christus in der Mitte auf einem Thron sitzend, seine Mutter zu seiner Rechten und Johannes den Täufer zur Linken, beide in flehender Gebetshaltung, diese Anordnung bildet das ikonographische Darstellungsmuster der *Deësis*, zu deutsch »Fürbitte«. Diese Trias ist eine spezifisch byzantinische Schöpfung des 7. Jahrhunderts. Sie setzt einerseits eine gewachsene Sensibilität für das Thema der Wiederkunft Christi voraus, andererseits aber auch für das fürbittende Gebet der Heiligen. So sollte die Deësis ein wesentlicher Bestandteil im Innenraum des Gotteshauses werden. Und in der Tat war ihr Platz vorherbestimmt; denn das erste Zeugnis einer Trennung zwischen Altarbezirk und Kirchenschiff begegnet uns bereits im 3. Jahrhundert. Sie besteht aus hölzernen Schranken oder einer Säulenzeile, die von einem Architrav überspannt wird. Dieses später »Ikonostase« genannte Bauelement, das im Westen zu Beginn des Mittelalters wieder verschwindet, während es für die Kirchen des byzantinisch-griechischen Ritus charakteristisch bleibt, wurde bald schon mit Darstellungen der Gottesmutter, von Engeln und Heiligen ausgestattet, die sich um die zentrale Figur des Erlösers oder des Kreuzes scharen.

Es verwundert nicht, daß nach dem Sieg über den Bildersturm im Jahre 843 die Ausschmückung dieser architektonischen Schranke, die die Ikonostase darstellt, zur Regel wird. Sie drückt symbolhaft die unüberwindbare Distanz aus zwischen dem göttlichen Bereich und dem menschlichen. Zugleich manifestiert sich darin, daß diese Distanz endgültig überwunden ist durch die Fürbitte Christi, des ewigen Mittlers, und die der verherrlichten Kirche.

In Rußland gab es schon seit dem 13. Jahrhundert Ikonostasen, die von mehreren übereinander verlaufenden Ikonenreihen gebildet wurden. Doch erst im 15. Jahrhundert fanden diese Reihen, die sich um den eigentlichen Kern der Deësis scharten, ihre endgültige Anordnung, wie sie typisch ist für die Kirchen des slawisch-byzantinischen Ritus. Die Trias der Deësis, die heilsgeschichtlich die Zeit der Kirche wie auch die endzeitliche Parusie Christi darstellt, wird durch die Hinzufügung von exemplarischen Gestalten irdischer und himmlischer Heiligkeit erweitert und vervollkommnet: Apostel, Bischöfe, Theologen, Märtyrer, Asketen und Engel.

Diese Anordnung, die über dem Durchgang in den heiligen Altarbezirk plaziert wurde, macht das Mysterium der mit Christus vereinigten Kirche deutlich: Die Gläubigen, die sich vor der königlichen Pforte (die zentrale Öffnung, die ins Heiligtum führt) versammeln und das eucharistische Sakrament empfangen, »sehen«, daß sie sich dabei in der Gemeinschaft der Heiligen befinden, die in der Gegenwart des Herrn die himmlische Liturgie feiern.

Dieser Beistand der verherrlichten Kirche wird noch stärker fühlbar, nachdem man von der Ikonostase an, die Theophan der Grieche für die Verkündigungskathedrale des Kreml in Moskau (1405) entworfen hat, alle Gestalten in natürlicher Größe malt. Hier und da wird diese sogar übertroffen, um die Betrachtung aus größerer Entfernung zu erleichtern. Dieser Zug bleibt auch den späteren Ikonostasen erhalten und beeinflußt die Gesamtkomposition im Sinne einer nüchternen Betonung der wesentlichen linearen Anordnung und einer farblichen Gesamtharmonie.

Die auf S. 54/55 abgebildete Deësis aus der Schule von Nowgorod (15. Jahrhundert) läßt einen Eindruck von der hohen Fähigkeit der Ikonenmaler gewinnen, die Anordnung wie aus einem Guß darzustellen und zugleich die ruhige und feierliche Bewegung der himmlischen Liturgie zum Ausdruck zu bringen.

Indem der Blick des Betrachters von der Deësis aufsteigt, nimmt er – gewissermaßen in einer Umkehrung der heilsgeschichtlichen Abfolge – eine Sequenz der Festtage, also der Mysterien des Lebens Jesu wahr. In einer weiteren Bildetage erscheint die manchmal in zwei Bereiche geteilte Anordnung der alttestamentlichen Heilserwartung, dargestellt in den Propheten des Alten Bundes, die die Buchrollen mit den Verheißungen der Menschwerdung Gottes in der Hand halten, und in den Erzvätern, denen Gott noch vor dem Volk Israel seinen Bund versprochen hat.

Das Zentrum des Ganzen bildet Christus. Er ist der Erwartete und der Gekommene; er ist der, der der Kirche in den Sakramenten geheimnisvoll innewohnt, und der, der noch kommen wird, um alles zum Vater zu führen. Durch ihn »laßt uns also voll Zuversicht hintreten zum Thron der Gnade« (Hebr 4,16), damit sich der Plan Gottes verwirklicht, den er vor aller Zeit in sich barg.

Die Gottesmutter in der Deësis

»Wie die Erschaffung einer Welt ist der Bau der Kirche, in der nach des Propheten Ausspruch ein neues Firmament geschaffen wird: die Feste des Glaubens an Christus, wie Paulus sagt, und eine neue Erde bereitet wird, die den auf sie herabströmenden Regen trinkt, und ein anderer Mensch geformt, erneut nach dem Bilde des Schöpfers gemäß der Geburt von oben, und eine neue Art Himmelslichter entsteht, von denen es heißt: Ihr seid das Licht der Welt ...
Wie also der, welcher auf die sinnliche Welt hinblickt, die in der Schönheit aufstrahlende Weisheit erwägt und durch das Sichtbare hindurch aufsteigt zur unsichtbaren Schönheit und zum Urquell der Weisheit ..., so sieht, wer auf diese Neue Welt schaut im Bau der Kirche, in ihr den, der Alles in Allem *ist «*

GREGOR VON NYSSA, Auslegung des Hohenliedes 13; PG 44, 1049 B-D; 1052 A

»Die Braut steht dir zur Rechten
im Schmuck von Ofirgold.«
Psalm 45, 10

Die Darstellung der *Jungfrau* in der Deësis Theophans des Grie-
chen (1340–1410) gehört zu den wenigen Werken der großen russi-
schen Sakralkunst, die sich noch heute an ihrem ursprünglichen
Ort auf der Ikonostase der Verkündigungskathedrale im Moskauer
Kreml befinden.
Die Gottesmutter steht in Kontrast zur Gestalt des *Erlösers,* der in
Weiß und Gold strahlt und wie von einer feuerroten Raute getra-
gen wirkt. Maria erscheint dagegen in einer einzigen nachtblauen
Farbnote. An der Spitze der sehr einfachen kompositorischen
Struktur in Form eines gestreckten gleichschenkligen Dreiecks er-
blühen die warmen Farben des Antlitzes: das Braun und das gelbli-
che Ocker der Haut; das auf Lider und Wangen leicht aufgetragene
helle Rot begleitet die Zeichnung des Nasenbeins und kommt auf
dem ernsten und schweigsamen Mund zur Ruhe.
Sehr helles Licht quillt wie feine parallele Wasserläufe aus den
Winkeln des Auges, das nicht durch die Hülle der Kopfbedeckung
beschattet ist. Es läßt das Angesicht leuchten und hebt die Feinheit
der Nase hervor, wie es auch das Kinn akzentuiert. Wie kristalli-
siert in dem marinen Hellblau der unter dem Schleier hervor-
schauenden Kopfhaube, umrahmt dieses Licht das Antlitz und ver-
strömt sich schließlich in den durchscheinenden Reflexen auf dem
tiefdunklen Blau des Mantels.
Gemalt in dieser farblichen Tiefe und in diesem Licht, verneigt
sich die Jungfrau leicht und erhebt dabei die Hände zur Bewegung
des fürbittenden Gebetes.
Schön ist sie; aber von verborgener Schönheit, die nach einer be-
stimmten Weise der ästhetischen Wahrnehmung ruft. Ganz un-
willkürlich drängt sich dem Geiste des Betrachters der Ausdruck
»geistige Schönheit« auf. Nur er ist treffend.
Als Kind seiner Zeit – wie jeder wahre Künstler –, hat der Maler,
der große Grieche Theophan, der »ein bedeutender Weiser und
überaus gelehrter Philosoph«[24] war und von dem allein seine in
Rußland geschaffenen Werke erhalten sind, mit einer vielleicht
sonst nirgends erreichten Intensität die ästhetische Konzeption des

Hesychasmus zum Ausdruck gebracht, jener geistlichen Strömung, die sich gerade im 14. Jahrhundert im ganzen christlichen Osten durchsetzte. Sie hat auf die ikonographische Kunst Rußlands einen enormen und dauerhaften Einfluß ausgeübt.

Da »allein der Geist fähig ist, die wahre Schönheit zu betrachten«[25], nämlich die absolute Schönheit Gottes, und weil andererseits der christliche Weg nicht von der Vermittlung des Göttlichen durch das Sinnenhafte, wie sie ein für allemal da ist im Mysterium der Inkarnation, absehen kann, deshalb setzt sowohl das Schaffen wie auch das Wahrnehmen der sinnenhaften Schönheit die geistige Wiedergeburt des Menschen voraus und den damit neu erworbenen Sinn dafür: »Es sind neue Augen und neue Ohren, die der erneuernde Geist ihm verschafft. Nunmehr schaut er nicht mehr als Mensch in sinnlicher Weise das sinnenhaft Wahrnehmbare, sondern, da er mehr als Mensch geworden ist, betrachtet er in geistlicher Weise die sinnenhaft wahrnehmbaren Dinge als Abbilder der unsichtbaren Dinge, und die Gestalten, als die sie sich zeigen, erscheinen ihm wie form- und gestaltlos.«[26]

Wenn sich die Gebetspraxis des Hesychasmus dem Bild so näherte, mußten die ikonographischen Schöpfungen, die von ihm inspiriert sind, dem Licht eine fundamentale Rolle in der Darstellung beimessen.

Es ist jenes Licht, dessen unmittelbare geistliche Leuchtkraft die Jungfrau Theophans mit unerschöpflichem Leben füllt.

Johannes der Täufer in der Deësis

»Wenn einer neben der Quelle steht und jenes unabsehbare Wasser
bestaunt, wird er doch wohl nicht sagen, er habe all ihr Wasser gesehen; denn wie sähe er auch das im Schoß der Erde Verborgene?
Auch wenn er lange neben dem Sprudeln verweilt, bleibt er doch
immer am Eingang des Schauens; denn niemals setzt das Fließen
des Wassers aus, und immer ist das Quellen im Ursprung. So er-
geht es auch dem, der auf jene göttliche und grenzenlose Schönheit
blickt: da das immerdar Gefundene als neuer und durchaus un-
wahrscheinlicher über das in Schau Umfaßte hinaus erscheint, so
staunt er wohl das je und je Aufscheinende an, nie aber steht er
still in der Sehnsucht zu schauen, weil das darüber hinaus Vermu-
tete immer noch großartiger und göttlicher sein wird als alles Er-
schaute.«

GREGOR V. NYSSA, Auslegung des Hohenliedes 11; PG 44, 1000 AB

»Unter allen, die von einer Frau geboren sind, hat es keinen Größeren gegeben als Johannes den Täufer.«
Mt 11,11

Johannes der Täufer verkörpert mit seiner Person die lange Heilserwartung des Volkes Israel. Er ist der erste, der auf Jesus als den erwarteten Messias zeigt und der am Geheimnis der Selbsterniedrigung des Knechtes Jahwes teilnimmt, der ihn um die Taufe bittet. Als erster Blutzeuge Christi besitzt er wie alle Märtyrer die Macht der Fürsprache.

Schon aus dem Alten Testament geht im Hinblick auf Jeremia, den seit Jahrhunderten toten Propheten, klar hervor, daß dem Mann Gottes die Fähigkeit zum Einlegen von Fürsprache zuerkannt wurde: »Das ist der Freund seiner Brüder, der viel für das Volk und die heilige Stadt betet, Jeremia, der Prophet Gottes« (2 Makk 15,14). Und die Kirche konnte nicht anders, als diese Rolle des Propheten zu bestätigen. So zeigt die Offenbarung des Johannes »die vier Lebewesen und die vierundzwanzig Ältesten«, die sich vor dem Lamm niederwerfen. »Alle trugen Harfen und goldene Schalen voll von Räucherwerk, das sind die Gebete der Heiligen« (Offb 5,8).

Johannes dem Täufer gebührt als *Freund des Bräutigams* der Ehrenplatz gleich nach der Mutter Gottes. Wie in der Apokalypse das Gebet der Heiligen zur himmlischen Liturgie gehört, so besteht die Fürsprache der Gottesmutter und des Vorläufers Christi vor allem in der Bitte, daß in der irdischen Liturgie die Teilnahme der Gläubigen am Leib und Blut des Herrn Quelle der Gnade und des Erbarmens sei.

Diese Ikone ist ein Werk eines Schülers von Andrej Rublew. Ein Höchstmaß an persönlicher Integration und geistliche Hellsichtigkeit spiegeln sich auf dem feinen, edlen Antlitz des Vorläufers wider.

Die auffallende Ähnlichkeit mit den Gesichtszügen, die uns auf den Christusikonen begegnen, übersetzt das russische Appellativum *prepodobnyj*, »ähnlich«, ins Bild. Sie definiert die menschliche Heiligkeit: Heilig ist der, der in Christus Gott ähnlich geworden ist.

Um den Blick und die Gebärde Johannes' noch besser zu verste-

hen, kann uns das Gebet helfen, mit dem die Kirche des Ostens ihn anruft: »Die Hand, die das Haupt des Herrn berührt hat und mit der du auf den Retter gezeigt hast, o Täufer, breite sie über uns aus zu unserem Schutz in der Kraft jener Gewißheit, derer du dich erfreust, warst du doch, nach seinem eigenen Zeugnis, der größte unter den Propheten. Und die Augen, die den Heiligen Geist in Gestalt einer Taube herabsteigen sahen, wende sie ihm zu, o Täufer, damit er uns seine Gnade zeige.«[27]

Der Apostel Paulus in der Deësis

»Wie die Sonne auf allen Seiten gleich ist und keinen schwächeren oder mangelhaften Teil hat, sondern ganz und gar im Lichte strahlt und ganz Licht ist und aus lauter gleichen Teilen besteht ..., so wird auch die Seele, die von der unaussprechlichen Lichtherrlichkeit des Antlitzes Christi vollkommen durchleuchtet und vollkommen des Heiligen Geistes teilhaftig ist, die gewürdigt worden, eine Wohnstätte und ein Thron Gottes zu werden, ganz Auge, ganz Licht, ganz Angesicht, ganz Herrlichkeit, ganz Geist. Also bereitet sie Christus zu, trägt und treibt sie, hebt und hält sie; so schmückt und ziert er sie mit geistiger Schönheit.«

MAKARIUS DER ÄGYPTER, Homilie I; PG 34, 451 B

»Ja, ich erachte es noch alles für Schaden gegenüber der überschwenglichen Erkenntnis Christi Jesu, meines Herrn.«
Phil 3,8

Die Christen, die in der Reihenfolge der Deësis der Mutter Maria und dem Täufer am nächsten stehen, sind die Apostel – das »Fundament der Kirche«. Allen voran erscheinen Petrus und Paulus mit ihren unverwechselbaren physiognomischen Zügen. Es sind die gleichen Gesichtszüge, die wir bereits von älteren Darstellungen der Apostelfürsten auf römischen Medaillen aus dem dritten und vierten Jahrhundert her kennen, die aber jetzt durch die Fähigkeit des Ikonographen zur Innenschau neu gedeutet und verwandelt sind.

So hat Rublew in der Deësis von Swenigorod den Völkerapostel so dargestellt, daß er über und über erleuchtet erscheint von einem Licht, das aus seinem Inneren strömt. Es ist das sogenannte »Eigenlicht« der Ikone, das ihr durch die Gegenwart des Heiligen Geistes gegeben wird.

Dieses innere Licht vereinigt sich mit dem Leuchten einer anderen, äußeren Lichtquelle von links. Sie entspringt dort, wo Christus thront. Doch auch dieses ist ein geistiges Leuchten. Es ist dasselbe, von dem der Psalmist sagt: »Blickt auf zu ihm, so wird euer Gesicht strahlen« (Ps 34,6). Das Licht strahlt also innen und außen, aber es ist dasselbe Licht. Wer es betrachtet, wird »ganz Auge, ganz Licht, ganz Angesicht«.[28]

Indem Rublew durch die Zeichnung des Kopfes und der Stirn die von ihm bevorzugte Form der Kugel als in allen Kulturen gültiges Symbol göttlicher Vollkommenheit evoziert, unterstreicht er visuell den Primat des Geistes, der charakteristisch ist für das paulinische Denken.

Das Antlitz des Apostels, auf dem das Antlitz Christi widerscheint (vgl. 2 Kor 4,6), hebt sich durch seine warmen Ockerfarben ab von den Blau- und Violettönen der Gewandung, die geradezu durchscheinend wirken durch die leichten und differenzierten Erhellungen, wie sie für Rublews Hand typisch sind. Dem sonnenhaften Glanz des Antlitzes antwortet das kostbare Hellblau, das intensiv und ganz rein wirkt. Es besteht aus dem Staub von Lapislazuli.[29]

66

Kraft und Zartheit vereinigen sich so in einer außergewöhnlichen Harmonie der Linien und Farben. Auch hier wird auf die Lehre des Apostels verwiesen: »Die Frucht des Geistes aber ist Liebe, Freude, Friede, Geduld, Freundlichkeit, Güte, Treue« (Gal 5,22).

Der Erzengel Michael in der Deësis

»Die Leichtigkeit der Engelsflügel symbolisiert die Abwesenheit jeder irdischen Anziehung, das vollkommene und reine Aufschwingen – frei von jeder Schwere – zur Höhe. Das leuchtende und strahlend weiße Kleid bezeichnet nach dem Symbolismus des Feuers die göttliche Gestalt: jene Macht der Erleuchtung, die die himmlischen Geister aus ihrem Aufenthalt im Himmel gewinnen, an jenem Ort, der ihnen zugewiesen ist und der der Ort des Lichtes selbst ist. Der Stab bezeichnet die königliche Macht, die Hoheit, die Rechtheit, mit der sie jedes Ding zur Vollendung führen.
Die Schrift bestätigt, daß die Engel an der göttlichen Freude über die Umkehr der Sünder teilnehmen: sie erfahren nämlich eine ruhige und wahrhaft göttliche Glückseligkeit, eine Freude voller Güte und ohne Neid, während sie vorausschauend diejenigen, die sich Gott zukehren, beschützen und retten.«

PSEUDO-DIONYSIUS AREOPAGITA, Himmlische Hierarchie; PG 3, 334 A; 339 A

»Sind sie nicht alle nur dienende Geister, ausgesandt,
um denen zu helfen, die das Heil erben sollen?«
Hebr 1, 14

Dionysius Areopagita nannte die Eucharistie mit Vorliebe das Sakrament der Vereinigung – *Synapsis* –, weil dieses Heilszeichen in vollkommener Weise die Vereinigung der Menschen mit Gott und untereinander bewirkt und zudem die Ganzwerdung des menschlichen Wesens. Diese Vereinigung auf verschiedenen Ebenen des Daseins ist die Liebesgabe des Vaters, der alle zur Einheit führen will.

Sowohl im Alten wie im Neuen Testament fügt sich die Rolle der Engel in die Durchführung dieses einenden Willens des Vaters des Lichtes. Als vollkommen reine Wesen schauen die Engel die Herrlichkeit ihres Gottes, der sie teilnehmen läßt an seinem geheimnisvollen Feuer. Sie leisten Gott einen vollkommenen kultischen Dienst, indem sie ihn anbeten und preisen und nicht aufhören, Gottes Heiligkeit zu besingen und zu rühmen. Ihre himmlische Liturgie ist gewissermaßen das Modell für den Gottesdienst auf Erden, wie es die byzantinische Liturgie so wunderbar zum Ausdruck bringt: »Wir stellen auf mystische Weise die Kerubim dar und singen der lebendigmachenden Trinität das *Dreimal heilig* und legen allen irdischen Eifer ab.«

Doch die himmlischen Geister spielen auch eine aktive Rolle, um die Menschen zu erhalten und zu führen und ihre Anliegen vor Gott zu tragen, wie die Heilige Schrift von Michael sagt, der »der große Engelfürst (ist), der für die Söhne seines Volkes eintritt« (Dan 12, 1).

Sprachlos übermittelt Rublews Erzengel Michael diese Botschaft: Er ist einer der vollkommen und völlig durchscheinend gewordenen Diener des Allerhöchsten. Alles in dieser Komposition zeichnet sich aus durch Klarheit, Leichtigkeit und Harmonie. Es gibt hier keine harte Linie und keine Unebenheit in der Zeichnung. Die gekrümmten Linien neigen zur geometrischen Figur der Parabel; die Farbgebung basiert auf wohlabgestimmten Bezügen, wie in dem Stirnband, das die hellblaue Tiefe des Untergewandes zum Bogen schließt.

Als stummes Wort, das über jedes andere beredt ist, erscheint jedoch das flächig konzipierte Antlitz des Engels. Auf einer zweidimensionalen Ebene »öffnet es sich«[30] zum Betrachter und bezeugt so vollkommene Offenheit, die ermöglicht ist durch Erkenntnis und Liebe.

Die Festtagsikone

»Meine Brüder und Schwestern, es ist schön, von einem Fest zum anderen zu wechseln, von einem Gebet zum anderen, von einer Feierlichkeit zur anderen (...) Dennoch ist die Gnade der festlichen Feier nicht auf einen Moment beschränkt, noch erlischt ihr glänzender Strahl beim Untergang der Sonne, sondern er steht dem Geist, der nach ihm verlangt, immer zur Verfügung. Er übt eine beständige Macht aus über alle, deren Geist schon erleuchtet ist und die bei Tag und bei Nacht die Heilige Schrift bedenken (...)
Die liturgische Feier gibt uns Halt in den Betrübnissen, die wir in dieser Welt antreffen. Durch sie gewährt uns Gott jene Freude des Heils, die die Geschwisterlichkeit wachsen läßt.«

ATHANASIUS, 5. Brief; PG 26, 1379 f.

*»Er ist der Stein, der von euch Bauleuten verworfen
wurde, der aber zum Eckstein geworden ist. Und in kei-
nem anderen ist das Heil zu finden. Denn es ist uns
Menschen kein anderer Name unter dem Himmel gegeben, durch den wir gerettet werden sollen.«*
Apg 4, 11 f

Die Deësis wurde schon bald in mehr oder weniger entwickelter
Form in unzähligen Exemplaren als Tragikone angefertigt. Ebenso
hat man auch die Feste des Herrn in einer einzigen kleineren
Ikone dargestellt, die in mehrere Ausschnitte aufgeteilt war und
eine Vielzahl von Darstellungen in einer einzigen Komposition er-
möglichte. Sie diente den Gläubigen zum Gebet und zur Betrach-
tung außerhalb des Gotteshauses.
Die zwölf Feste, die mit besonderer Feierlichkeit im slawisch-by-
zantinischen Ritus gefeiert werden, sind in heilsgeschichtlicher
Ordnung die Geburt der Gottesmutter, ihre Einführung in den
Tempel, Mariä Verkündigung, die Geburt des Herrn, dessen Dar-
stellung im Tempel, die Theophanie des Herrn (Taufe Jesu), die
Verklärung, der Einzug Jesu in Jerusalem, die Himmelfahrt, die
Ausgießung des Geistes Gottes (Pfingsten), das Entschlafen der
Gottesmutter und schließlich die Auffindung und Erhebung des
heiligen Kreuzes (Kreuzerhöhung).
Es fällt ins Auge, daß das Fest der Auferstehung des Herrn in dieser
Aufzählung fehlt. Ist Ostern doch von Anfang an »das Fest der Feste«, *das* Fest, um das die Liturgie in ihrem wöchentlichen und
jährlichen Zyklus kreist. Dieses Zentriertsein allen christlichen Lebens und Feierns im Osterfest macht die Ikone dadurch sichtbar,
daß sie in ihrem Mittelpunkt das österliche Geheimnis durch das
zeigt, was seine Früchte sind: die Erlösung und Wiederherstellung
des Menschen. In der unteren Szene sehen wir den Auferstandenen, der hinabsteigt in das Reich des Todes, um die Stammeltern
Adam und Eva zu befreien, in der oberen erkennen wir Christus,
der zum Himmel hinaufsteigt, wo er sich siegreich und verherrlicht auf den Thron Gottes setzt.
Die Kreuzigung gehört eigentlich nicht zum Festzyklus. Der Tod
Jesu kann als solcher nicht Anlaß eines Festes sein und als solches
gefeiert werden; denn für sich allein genommen stellt er eine ne-

gative Wirklichkeit dar, das Ergebnis des destruktiven Willens. Er wird nur dann als Glaubensgeheimnis aufgefaßt, wenn sich zugleich seine Heilsbedeutung ereignet. Das aber geschieht in der Auferstehung.

Die Empfängnis der heiligen Anna

»Weil die Jungfrau und Mutter Gottes aus Anna geboren werden sollte, wagte die Natur es nicht, dem Keim der Gnade zuvorzukommen, sondern sie blieb ohne eigene Frucht, damit die Gnade die ihre hervorbrächte. Es sollte nämlich jene Erstgeborene hervorgehen, aus der der Erstgeborene aller Kreatur geboren werden sollte, in dem alles Bestand hat« (Kol 1,17).
O glückliches Paar, Joachim und Anna! Bei euch steht jede Kreatur in Schuld, denn durch euch hat die Kreatur dem Schöpfer die angenehmste Gabe angeboten, nämlich jene keusche Mutter, die allein des Schöpfers würdig war.«

JOHANNES VON DAMASKUS, Auf Mariä Geburt 2; PG 96, 663 AB

*»Freu dich, du Unfruchtbare, die nie gebar, du, die nie
in Wehen lag, brich in Jubel aus und jauchze.«*
Jes 54, 1

Die Schaffung eines liturgischen Zyklus von Festen des Herrn ist
eng verbunden mit den seit dem 4. Jahrhundert einsetzenden
Wallfahrten zu den Orten des Lebens Jesu im Heiligen Land. In ihr
ist die große Leistung der Kirche von Jerusalem und der Mönche
des Sabaklosters im Kidrontal zu sehen. Die Mönche schöpften
nicht nur aus der Heiligen Schrift, sondern, wo diese schwieg,
auch aus der geistlichen Kreativität, die in den apokryphen Schriften enthalten ist. Diese stellten für sie eine Quelle der Eingebung
dar, die sich bald stark auf die eng an liturgische Texte gebunde-
nen ikonographischen Themen auswirken sollte.
Eben aus einem der ältesten Apokryphen, dem Protoevangelium
des Jakobus, das in den Teilen, die vom Leben der Jungfrau Maria
vor der Geburt Jesu handeln, auf das zweite Jahrhundert zurück-
geht, sind uns die Namen der Eltern Marias überliefert: Joachim
und Anna. Auf diese Apokryphen geht auch die tradierte Behaup-
tung zurück, Anna sei unfruchtbar gewesen und habe in vorge-
rücktem Alter ihre Tochter empfangen, die dazu bestimmt war,
der Welt große Freude zu bringen.
Der geistliche Sinn dieser Überlieferung bestand darin, in der Empfängnis der Neuen Eva die Erfüllung jener Verheißung von Erwäh-
lung und fruchtbarer Gnade zu entdecken, die sich durch das
ganze Alte Testament zieht und im Sieg Gottes über die Unfrucht-
barkeit besteht. »Der ganze Erdkreis feiert heute die Empfängnis
Mariens im Schoße Annas. Sie erfolgte durch den Willen Gottes.
Anna empfing jene Frau, die in unaussprechlicher Weise das Wort
Gottes empfangen hat.«[31] So sollte die Erhabenheit der Tochter die
Mutter groß machen. Aus diesem Grund verbreitete sich von Jerusalem aus, wo eine Basilika über dem Ort erbaut war, an dem Ma-
ria der Überlieferung nach geboren sein soll, die Verehrung der
heiligen Anna sehr schnell in der ganzen christlichen Welt.
Die Maler folgten der apokryphen Erzählung: Ein Engel hat einem
jeden der betagten Eltern die Empfängnis Mariens im Schoß der
Mutter verkündet; Joachim und Anna umarmen sich nun vor dem
Goldenen Tor in Jerusalem. Wenngleich es sich um ein ikonogra-

phisches Muster handelt, das in der profanen Kunst gebraucht wurde, um die Empfängnis von Herrschern und Helden darzustellen, so wurde für die Christen dieses Sinnbild der Vereinigung, das an sich schon von größter Bedeutung ist, ein Hinweis auf die vollkommene Reinheit Mariens. Daß mit dieser Reinheit nicht nur ihr künftiges Leben als Gottesmutter gemeint war, sondern ihre ganze Person von jeher, hat die christliche Sinngebung von Anfang an gespürt und metaphorisch in der symbolreichen Sprache der Apokryphen zum Ausdruck gebracht.

Mit seiner Parallelsetzung von Eva und Maria, ausgeweitet um die innere Gemeinsamkeit von Mutter und Sohn im Heilswerk, hatte Irenäus schon im zweiten Jahrhundert die Reflexion auf das Geheimnis Mariens in eine höchst präzise und fruchtbare theologische Lehre gefaßt: »Darum gab er [Christus] sich keine andere leibliche Gestalt, sondern behielt durch jene [Maria], die aus Adams Geschlecht stammt, die Erscheinungsform der menschlichen bei. Denn Adam wurde in Christus neugestaltet, damit das Sterbliche vom Unsterblichen verschlungen werde; und Eva wurde neugestaltet in Maria, damit eine Jungfrau als Fürsprecherin einer Jungfrau durch ihren jungfräulichen Gehorsam den Ungehorsam einer Jungfrau zerstreue und auslösche.«[32]

Diese Parallele von Eva und Maria kehrt im Denken der Kirchenväter immer wieder und ist der Schlüssel zum Verständnis des neuen, absoluten Anfangs, der in der Jungfrau Maria gesetzt wird. Ein wunderbarer Neubeginn, dem der hl. Andreas, Metropolit von Kreta (7. Jahrhundert) und Verfasser einiger der schönsten Texte zu Ehren der Gottesmutter, so Ausdruck gab: »Der Leib der Jungfrau ist ein Land, das Gott bearbeitet hat, die Erstlingsgabe aus der adamitischen Masse, die Christus vergöttlicht hat, das Abbild, welches in allem der ursprünglichen Schönheit gleicht, der Ton, der von den Händen des göttlichen Künstlers geformt ist.«[33]

Auf dieser Ikone der *Empfängnis* der *heiligen Anna* aus der Nowgoroder Schule ist die Szene, wohl wegen des intimen Charakters des Themas, als Interieur dargestellt; darauf weist die weitgespannte Draperie zwischen den flankierenden Bauten, in der byzantinischen Kunst das konventionelle Zeichen des Innenraums. Die Häuser Jerusalems im Hintergrund scheinen sich zum Betrachter hin zu öffnen und auf ihn zuzukommen: Der Raum ist keine illusorische Tiefe, sondern diesseitig; er umfängt den Be-

trachter. Und wenn die Darstellung des Heiligen einen für den Menschen heilbringenden Inhalt hat, ist Gott die Quelle des Heils, Fluchtpunkt aber die Seele des Menschen. Hierin liegt die Bedeutung der verkehrten Perspektive, des für die byzantinische Kunst typischen Kunstmittels. In der graphischen Schematisierung der Ikone werden diese auswärtsstrebenden Fluchtlinien deutlich.[34]

Um die Überzeitlichkeit der Botschaft zu unterstreichen, erscheinen Joachim und Anna deutlich vom Hintergrund abgehoben. Sie stehen diesseits desselben, auf einer kleinen Bühne, als ob sie der Geschichte enthoben wären und sich in einer absoluten Gegenwart befänden. Die ihnen gewidmete Ikone, die an den freudigen Beginn der Erlösung gebunden ist, wird zugleich zur Ikone der ehelichen Liebe, die, so eingefügt in den ewigen Heilsplan Gottes, ihre ganze ursprüngliche Würde zurückerhält.

Die Verkündigung der Geburt Jesu

»Der Quell aller Unverweslichkeit, unser Herr Jesus Christus, ist nicht durch eine eheliche Verbindung in die Welt eingetreten, um durch die Weise seiner Menschwerdung dieses große Geheimnis zu offenbaren, d. h., daß nur die Reinheit die Fähigkeit besitzt, Gott aufzunehmen, wenn er sich anschickt, einzutreten. In der Tat, was im Leib der unversehrten Jungfrau Maria geschehen ist aufgrund der vollkommenen Gottheit Christi, die in der Jungfrau selbst aufgestrahlt ist, vollzieht sich auch in jeder Seele, die dem Geiste nach jungfräulich bleibt. Nicht daß der Herr wiederum leiblich anwest, doch kommt er, um geistig dort zu wohnen, wobei er den Vater mit sich bringt.«

GREGOR VON NYSSA, Über die Jungfräulichkeit; PG 46, 324 B

83

> *»Als aber die Zeit erfüllt war, sandte Gott seinen Sohn, geboren von einer Frau und dem Gesetz unterstellt, damit er die freikaufe, die unter dem Gesetz stehen, und damit wir die Sohnschaft erlangen.«*
> Gal 4, 4 f

Der dogmatischen Definition der Gottesmutterschaft Mariens (Theotokos) auf dem Konzil von Ephesus folgte in der Kirche des Ostens bekanntlich eine wahre Explosion des Marienkultes, bis im 6. Jahrhundert verschiedene liturgische Marienfeste zum gottesdienstlichen Bestand wurden: das Geburtsfest Mariens, die Verkündigung der Geburt Jesu an Maria, die Darstellung des Herrn im Tempel und das Entschlafen der heiligen Jungfrau. Mehr als ein Jahrhundert später kamen die Feste »Mariä Empfängnis« und »Mariä Einführung in den Tempel« hinzu; damit nahm die liturgische Praxis den alten Wunsch des christlichen Volkes nach einer möglichst engen Analogie zwischen Maria und ihrem Sohn auf.

Seit dem 6. Jahrhundert gab es im Orient zwei ikonographische Darstellungsmuster der Verkündigung. Das ältere, auch von den apokryphen Erzählungen beeinflußte, zeigt eine sitzende Maria beim Spinnen, die beunruhigt und verängstigt vor der Erscheinung des Engels zurückweicht. Dagegen ist das andere Muster byzantinisch inspiriert und zeigt Maria aufrecht stehend, »als ob sie einer königlichen Anordnung lauscht«[35]. Sie erscheint als kluge und weise Jungfrau, die das Wort des Engels erwägt und ihm nachhört. »Lukas zeigt uns die Größe ihrer Tugend, indem er sagt, daß sie bei dem Engelgruß sich nicht sogleich der Freude überließ und die Botschaft nicht angenommen, daß sie vielmehr verwirrt ward und fragte, was dieser Gruß bedeute.«[36]

Diese Darstellungsweise erlaubte die Haltung der rechten Hand Mariens zu variieren: Streckt sich dem Betrachter ihre Innenfläche entgegen, drückt sie Reserve und anfängliche Weigerung aus, ruht sie jedoch auf der Brust, den Handrücken nach außen gewendet, steht sie für die schon erfolgte Zustimmung.

Es existiert wohl keine gedrängtere und kraftvollere Darstellung der Verkündigung als diese sehr alte Ikone, die aus einer Ikonostase (12. Jahrhundert) aus der Gegend von Nowgorod stammt.[37] Die beiden Gestalten, die die natürliche Größe beträchtlich über-

steigen und vom byzantinischen Darstellungsmuster inspiriert sind, heben sich in geradezu monumentaler Weise vom goldenen Hintergrund ab.

Einziger Verweis auf Äußeres ist das kleine Podest, auf dem die Jungfrau steht; es genügt, um deutlich zu machen, daß sich die Szene auf dieser Erde abspielt. Mit seiner gebändigten Kraft offenbart der Bote, dessen reiches Gewand in Rot, Weiß und Gold die Nähe zu seinem göttlichen Ursprung verrät, die ungeheure Tragweite seiner Botschaft: »Heute bricht die Morgenröte unseres Heils an und die Offenbarung des ewigen Geheimnisses.«[38]

In deutlichem Gegensatz dazu steht die Jungfrau. In ruhiger Linie, eingehüllt in das kirschrote *Maphorion*, das ihr schlichtes blaues Kleid bedeckt, steht sie da, neigt leicht das Haupt und vollzieht damit eine Bewegung der Aufnahmebereitschaft und des Hörens. Die weit dimensionierten Augen, deren äußere Winkel leicht nach unten gebogen sind, was den Ausdruck von Milde und Sanftheit hervorhebt, ruhen nicht auf der Gestalt des Engels; vielmehr betrachten sie in einer Innenschau das geschehene Geheimnis.

Ein anmutiges und vertrauensvolles Lächeln erhellt ihr Antlitz. Das Neigen des Hauptes und die Gesichtszüge erinnern an die *Gottesmutter von Wladimir*. Aber welch starker Unterschied im Bewußtsein um das Geschehen! Während die Gottesmutter von Wladimir in geistigem Verstehen Gewicht und Tragweite ihrer Aufgabe als Mutter des Erlösers vorwegnimmt, erlebt die *Jungfrau von Ustjug* den Zauber und das Erstaunen des Anfangs. Unglaublich jung und zart, wie sie erscheint, evoziert sie die Braut aus dem Hohenlied: »Die Quelle des Gartens bist du, ein Brunnen lebendigen Wassers, Wasser vom Libanon« (Hld 4,15). Sie erscheint als erträumter Archetypus der Frau, die soeben aus den Händen des Schöpfers kam.

Ihre Rechte, die bis dahin damit beschäftigt war, jenes Garn zu spinnen, das ihre Zugehörigkeit zur Menschheitsgeschichte anzeigt, hat die Arbeit unterbrochen und sich zur Höhe des Herzens erhoben, dorthin, wo das menschgewordene Wort erscheint. Es mutet an, als ob die Zeit für einen Augenblick stillstehe, um das Ja zu hören, das die Allerreinste zu ihrem Schöpfer spricht. Von diesem Augenblick an kennt die Zeit ein Vorher und ein Nachher. Aber das Garn hat noch eine andere, spezifische Bedeutung. Es handelt sich um den Purpur, den Maria den Apokryphen nach für

den Vorhang des Allerheiligsten wob, als sie im Tempel lebte, und der die menschliche Natur vorabbildete, den die Mutter in ihrem Inneren für den Sohn weben sollte. Der heilige Andreas von Kreta hat in einem wunderschönen Bild in der Jungfrau selbst den Purpur gesehen: »Der Purpur, der das Gewebe des Wortes in seiner unaussprechlichen Menschwerdung färbte, ist die Jungfrau Maria, die wir verherrlichen.«[39]

Ihre Würde, die Geste des Segnens, machen es unmöglich, die Gestalt des Christuskindes als einen Sohn zu sehen, der nach dem Fleisch gezeugt ist. Maria, Mutter und Jungfrau, ist die Wohnstatt ihres Herrn geworden, der empfangen ist vom Heiligen Geist.

Diese göttliche, ja trinitarische Dimension des Geschehens wird durch die Darstellung von Gott-Vater in der Lünette am oberen Rand der Ikone (hier zum ersten Mal bezeugt) unterstrichen. Er wird dargestellt wie der »Hochbetagte« aus der Vision Daniels (Dan 7). Sein Thron wird von Serafim getragen. Aus seiner Hand entspringt ein Strahl als ein Symbol der Sendung des Heiligen Geistes, der sich auf die Brust der Jungfrau richtet, wo Immanuel erscheint.

In diesem Fall haben die Texte der Liturgie die ikonographische Komposition beeinflußt, wie der besonders dichte Text des heiligen Andreas von Kreta in der feierlichen Vesper des Verkündigungsfestes deutlich macht: »Unaussprechlich ist das Wesen dieser Erniedrigung; unaussprechlich ist die Weise dieser Empfängnis. Ein Engel spielt die Rolle des Dieners bei diesem Wunder: Der Leib einer Jungfrau empfängt den Sohn; der Heilige Geist überschattet sie; der Vater findet vom Himmel her Gefallen daran, und diese Vereinigung vollzieht sich nach gemeinsamem Willen.«[40]

Die Geburt Christi

»Das Geheimnis Gottes, der Mensch wird, die Vergöttlichung des Menschen, der vom Logos aufgenommen wird, die Offenbarung des Geheimnisses Gottes, die Selbsterniedrigung der göttlichen Natur stellen die Summe der Güter dar, die Christus uns geschenkt hat. Das Kommen Gottes unter die Menschen als strahlendes Licht und göttliche Wirklichkeit in Klarheit und Sichtbarkeit, ist die große und wunderbare Gabe des Heils, in die wir eingeführt wurden.«

ANDREAS VON KRETA, Auf Mariä Geburt; PG 97, 804 B – 808 A

»Seht, ich mache alles neu.«
Offb 21, 5

In der Kirche hat die Ikonenmalerei die Aufgabe, in gedrängter Form die theologische Aussage und den geistlichen Gehalt der Offenbarung ins Bild zu fassen. Aus dieser Vorgabe heraus erklärt sich der überraschende Reichtum der hier abgebildeten Ikone von der Geburt Christi. Die nach Ort und Zeit verschiedenen heilsgeschichtlichen Ereignisse erscheinen, zusammen mit symbolischen Darstellungen, zu Einheit und Gleichzeitigkeit verwoben; so entfaltet die Ikone die verschiedenen Dimensionen des gefeierten Glaubensgeheimnisses.

In diesem Meisterwerk aus der Schule Rublews, das die verschiedenen erzählerischen Elemente zu einer kompositorischen Einheit zu verbinden vermag, läßt sich als zentrales ikonographisches Darstellungsmuster von Mutter und Kind das erst seit dem 6. Jahrhundert gebräuchliche erkennen. Bis dahin wurde Maria sitzend und das Kind auf den Knien haltend dargestellt. Das entsprach der Lehre des heiligen Johannes Chrysostomus, Maria habe das Kind selbst in den Futtertrog gelegt. »Dann aber hob sie es wieder auf und nahm es auf die Knie.«[41]

Das bedeutete, Maria habe bei der Niederkunft nicht unter Geburtswehen gelitten, und spiegelt wider, wie sehr in jener Zeit die Sorge lebendig war, die immerwährende Jungfräulichkeit Mariens indirekt bestätigen zu müssen. Als jedoch die Unversehrtheit Mariens nicht mehr Gegenstand von Zweifeln und Unsicherheiten war, begann man, die Jungfrau liegend darzustellen wie eine Wöchnerin, um die menschliche Konkretheit des Ereignisses zu unterstreichen.

Die Badeszene des Kindes bezeugt hingegen einen zweifachen Einfluß: Aus dem apokryphen Matthäusevangelium ist die Figur der Hebamme überliefert, die zur Zeugin der jungfräulichen Geburt Mariens wird; das Bad des Neugeborenen ist hingegen ein gängiges Element der Ikonographie der Zeit. Da es jedoch für eine Reinigung des fleischgewordenen Wortes keinen Grund gab, erhielt das Bad die Funktion einer Vorabbildung der Taufe. Dementsprechend nahm das Badebassin, wie auf unserer Darstellung, die Form eines Taufbeckens an.[42]

90

Als Grundstruktur der Ikone erscheint die waagerechte Einteilung in drei Ebenen, die die zentrale Szene der Geburt umgeben.[43]

Die untere Ebene zeigt die irdischen Aspekte dieses Ereignisses; und zwar zum einen seine konkrete Wirklichkeit mit dem Bad des Neugeborenen und der Amme, zum anderen aber als ein den Gesetzen der natürlichen Zeugung fremdes Geschehen. Die Gestalt des heiligen Josef ist Träger dieser Botschaft: Von der Einheit Mutter–Kind getrennt, macht er einem klassischen Darstellungsmuster nach deutlich, daß er an der Empfängnis des Kindes nicht beteiligt war.[44] Zugleich steht er als Sinnbild für die Schwierigkeiten des menschlichen Denkens, mit seiner wesenhaften Bindung ans Materielle in das Mysterium einzudringen. In der Gestalt, die Josef gegenübersteht und deren Identität unklar bleibt – ist es eine Gestalt aus der heidnischen Mythologie? der Prophet Jesaja? der Versucher? –, wird diese Schwierigkeit, die zur Versuchung geraten kann, gewissermaßen veräußerlicht.

In der mittleren Ebene des Bildes ist die erste Epiphanie des fleischgewordenen Wortes dargestellt, die den Engeln und den Hirten zuteil wird. Das Mysterium ist gegenwärtig, und als solches betrachtet es auch die Mutter. In Ruhelage ausgestreckt wie jede Frau, die ein Kind zur Welt gebracht hat, ist sie zugleich die heiligste Herrscherin, die Mutter Gottes, welche der rote, golddurchwirkte Teppich in eine Mandorla der Glorie hüllt.

Das in Windeln gewickelte Kind antizipiert den Menschen, der von den Banden des Todes umklammert sein und ins Grab gelegt werden wird. Sein Haupt liegt auf der senkrechten Achse der Ikone, die der göttliche Strahl deutlich kennzeichnet. Eben um dieses so unscheinbare Menschenkind wird sich der große Kampf entfesseln, der sich schon unheilvoll in der dunklen Höhle hinter ihm ankündigt.

Alles wird sich an ihm entscheiden, weil er wahrhaft der Dreh- und Angelpunkt der Welt ist. Und die traditionellen Figuren des Ochsen und des Esels (hier ist ein Pferd dargestellt, weil der Esel in Rußland unbekannt war), die hier im Lichte des Kindes erscheinen, stehen für die ganze Schöpfung, die »sehnsüchtig auf das Offenbarwerden der Söhne Gottes wartet« (Röm 8,19) und in dem Kind bereits ihren Schöpfer und Retter erkannt hat.

Die obere Ebene zeigt die Erscheinung des Herrn für die Magier, die im Osten zusammen mit der Geburt des Herrn gefeiert wird. Es

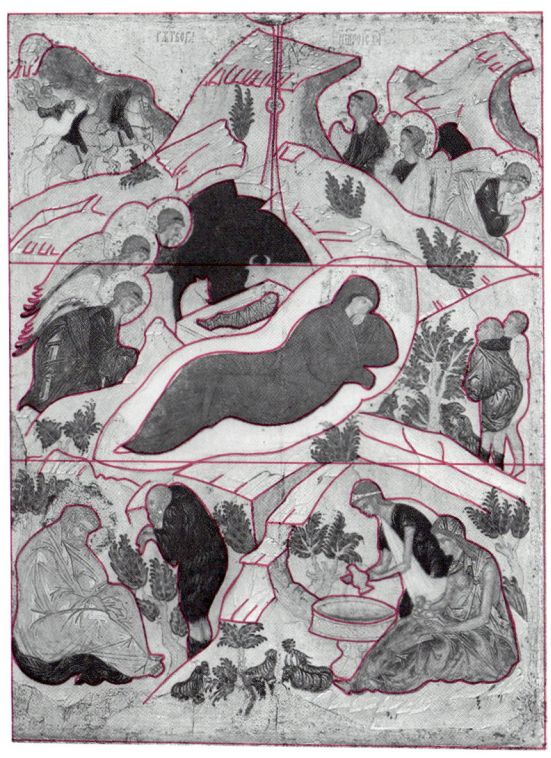

ist eine in Schweigen gehüllte Theophanie: Der Stern bezeichnet die Gegenwart Gottes. Die Engel beten dieses Zeichen des Heiles in seiner ewigen Aktualität an, während die Magier, die für alle diejenigen stehen, die sich aufmachen nach Betlehem, so erscheinen, als würden sie, die Zeit hinter sich lassend, zu dem göttlichen Strahl aufsteigen, der sie mit seinem Licht umgibt.

Die aufsteigende Bewegung, die die Ikone vermittelt, vereint die drei Ebenen zu einer zusammenfassenden Vision des Heilsplans, wie sie dem Denken Johannes Chrysostomus' eigen ist. Für ihn enthält die Geburt Christi bereits die Epiphanie, Ostern und Pfingsten.

Der Gebirgsrücken, auf dem die Ikone die Heilsereignisse darstellt, lenkt den Blick von unten nach oben. Es ist der Berg selbst, der sich aus der Tiefe hochreckt zum Stern. Die Bewegung umfängt die dunkle Grotte und wird verstärkt durch die feuerrote Diagonale der Mutter, die, in starkem Kontrast mit dem Schwarz der Höhle, aus dem Inneren zu brennen scheint wie eine große und ruhige Flamme. Es ist, als wollte der Maler durch diesen Kontrast eine unsagbare Freude ausdrücken: die Freude des Menschen, der versteht, daß er seinem Schöpfer und Erlöser außer seiner Erbärmlichkeit und seinen Dunkelheiten die schönste aller Kreaturen darbieten kann: sie, die »verehrungswürdiger ist als die Kerubim und unvergleichlich glorreicher als die Serafim«, die Ehre des Menschengeschlechtes.

In durchscheinenden Kaskaden ergießt sich das Licht von oben auf die Felsen; es bringt Baumstümpfe und Zweige zum Aufstrahlen; es schmückt mit goldener Äderung das Wasserbecken und strömt wie flüssiges Gold aus dem Krug. Auswirkung des österlichen Geheimnisses ist die Gabe des Geistes, sein Eindringen in die menschliche und kosmische Wirklichkeit.

Die Taufe des Herrn

»Jesus hat, als er selbst getauft wurde, die Taufe geheiligt. Wenn der Sohn Gottes getauft worden ist, wer könnte die Taufe verschmähen, ohne als gottlos bezeichnet zu werden? Doch wurde er nicht getauft, um Verzeihung von Sünden zu erlangen; denn er war ohne Sünde. Vielmehr wurde der Sündelose getauft, um Gottes Gnade und Würde den Getauften zu vermitteln. ... Nach Ijob war in den Wassern der Drache, der den Jordan mit seinem Rachen aufnahm. Da die Häupter des Drachen zerschmettert werden sollten, stieg Jesus in das Wasser und band den Gewaltigen, damit wir die Macht erhalten, auf Schlangen und Skorpionen zu treten.«

CYRILL VON JERUSALEM, 3. Katechese über die Taufe; PG 33, 441 AB

»Und siehe, da tat sich ihm der Himmel auf.«
Mt 3,16

W ährend das Fest der Geburt des Herrn und die Ikone, die dieses heilsgeschichtliche Ereignis darstellt, den Blick auf die Heilsökonomie (»Oikonomia«) lenken – nämlich auf den Vollzug des ganzen Heilsgeheimnisses in der Geschichte –, betrachtet das Fest der Taufe Jesu dieses Mysterium eher in sich selbst und in seinem ewigen Ursprung. Es ist »Theologia«.

In dem Augenblick, da Jesus »die Gerechtigkeit ganz erfüllt« (vgl. Mt 3,15) und kundtut, daß er als Knecht Jahwes den Weg der Demut und der Erniedrigung gehen will, charakterisiert die messianische Salbung durch den Vater im Heiligen Geist »Das ist mein geliebter Sohn, an dem ich Gefallen gefunden habe« die erste Theophanie der göttlichen Trinität. Sie macht die ewige Quelle des Heilsplans Gottes offenbar.

In diesem Zusammenhang steht die »Theologia« der Taufe Jesu: Das Geheimnis Gottes, das in der dreifaltigen Liebe besteht, kann sich nur offenbaren im vollkommenen Gehorsam des »einzig Gerechten« aus Liebe zum Vater. Dem »Erstgeborenen der ganzen Schöpfung« (Kol 1,15), der aus freiem Entschluß in die Wasser des Todes eintaucht, öffnet sich der Himmel. Das Fest der Taufe des Herrn ist deshalb die Feier des Beginns einer neuen Schöpfung, die durch die Gegenwart des Heiligen Gottes zum Leben erweckt wird.

Es ist dies die Botschaft dieser wunderschöne Ikonen mit ihrer stark vertikal ausgerichteten Komposition. Zwischen den schroff abfallenden Felsen, die wie gemeißelt wirken, erscheinen die dunklen Fluten des Jordans wie eingezwängt in eine Schlucht. In diesen Schlund eines »schwarzen Ozeans und flüssigen Grabes« ist »der Schönste der Menschenkinder« eingetaucht. Seine segnende Gestalt, die in den typisch klassischen Proportionen der griechischen Schule entworfen ist, zeichnet sich deutlich ab und ist voll von majestätischer Klarheit. Um seine Füße weiten sich die Felswände und bilden eine Art Höhle, die mit Wasser gefüllt ist und die an jene finstere Höhle erinnert, aus der der auferstandene Herr die alten Patriarchen zum Leben rufen wird.

Es gibt eine strenge Parallelität zwischen dem Eintauchen in den Jordan und dem Hinabsteigen in das Reich des Todes. Denn weil

die abgrundtiefen Wasser mit ihrer zerstörerischen Kraft im hebräischen Denken die Macht des Bösen repräsentieren, tritt Christus in beiden Fällen in den Herrschaftsbereich Satans, um diesen zu besiegen. Deshalb deutet das Eintauchen des Herrn in das Wasser sowohl auf den Sieg über Satan hin, als auch auf die heilbringende Erleuchtung, die sich beide im österlichen Geheimnis vollenden werden. Cyrill von Jerusalem drückt es so aus: »Da die Häupter der Drachen zerschmettert werden sollten, stieg Jesus in das Wasser und band den Gewaltigen.«[45]

Hier bewahrheitet sich das Wort Jesajas: »An jenem Tag bestraft der Herr mit seinem harten, großen, starken Schwert den Leviatan, die schnelle Schlange, den Leviatan, die gewundene Schlange. Den Drachen im Meer wird er töten« (Jes 27,1). Paradoxerweise jedoch – und genau dies ist die Botschaft der Epiphanie am Jordan – besteht dieses »harte Schwert« in der grenzenlosen Erniedrigung des fleischgewordenen Wortes: »Indem du das Haupt vor dem Vorläufer neigtest, hast du den Kopf der Dämonen zerdrückt; und indem du hinabstiegst in die Fluten, hast du das Universum erleuchtet, damit es dich verherrliche, Erlöser und Erleuchter unserer Seelen.«[46]

Aus dem geöffneten Himmel bricht der göttliche Strahl, der hier die Stimme des Vaters sichtbar macht, tief in die Leere zwischen dem felsigen Geklüfte und dringt so in die Tiefe der Erde. In diesem Strahl zeichnet sich die Taube des Geistes ab. Entlang der Senkrechten, die Himmel und Erde verbindet, erscheint so das Geheimnis der Trinität in ihrer ewigen Ordnung, die zugleich das Heil für die Menschen ist: Vom Vater durch den Sohn im Heiligen Geist ist alles Leben.

Staunend assistieren die Engel, bereit zum Dienen, der unbegreiflichen Kenosis des fleischgewordenen Wortes, die schon seinen Tod ankündigt. Johannes vollzieht währenddessen mit innerem Widerstand die Gebärde, die Jesus ihm auftrug. Die Axt, die schon an die Wurzel des Baumes rührt, kündet vom Beginn der Endzeit: Der Zugang zum Reich steht wieder offen für den, der sich auf den Weg macht, den der Knecht Jahwes vorgezeichnet hat: »Auf ihn sollt ihr hören.«

Die allegorischen Gestalten am Fuß der Ikone stellen den Jordan und das Rote Meer dar. Die Fluten, die bis dahin das Refugium der Drachen waren, erkennen die Herrschaft des fleischgewordenen

Wortes an, geheiligt durch seine Gegenwart werden sie in wunderbarer Umkehr der Dinge zu Mitteln des Heils für die Menschen erhoben.

Hierin lag auch die Bedeutung des Gedenkkreuzes, das die Christen Palästinas im Wasser des Jordans an der Stelle der Taufe Jesu errichtet hatten und das manchmal auf den Ikonen der Taufe erscheint.[47] Hier sind unter den Füßen Christi die drei Steinstufen gut zu erkennen, die als Sockel dienen. Auch die Fische, die wie Strahlen um die Beine Christi disponiert sind, haben ihre Bedeutung: Der kleine Fisch *(pisciculus)* war ja Symbol für den Christen, für den Getauften, der jetzt frei in den Wassern des Lebens schwimmt. In dem Leben, das aus dem Leib des Herrn strömt, der gänzlich vom Geist durchdrungenen Materie.

Die Verklärung

»Wollen wir vielmehr die heilsam wirkenden Strahlen des wahrhaft guten und überguten Christus ruhig in uns aufnehmen und durch sie zu seinen göttlichen Gnadenwirkungen lichtvoll emporgeleitet werden! Oder ist es nicht ein Zeichen seiner unaussprechlichen, alle Begriffe übersteigenden Güte, daß er allem, was ist, das Sein verleiht und all das ins Dasein gebracht hat, und daß er nach seinem Willen alles stets sich verähnlicht und alles nach der Fähigkeit eines jeden einzelnen an ihm Anteil haben soll?«

Pseudo-Dionysius Areopagita, Der achte Brief an Demophilus; PG 3, 1086 D

*»Wir alle spiegeln mit enthülltem Angesicht die Herr-
lichkeit des Herrn wider und werden so in sein eigenes
Bild verwandelt, von Herrlichkeit zu Herrlichkeit, durch
den Geist des Herrn.«*
2 Kor 3, 18

Seit der Mitte des 4. Jahrhunderts erhob sich auf dem Berg Tabor
die Basilika zum Gedenken an die Verklärung Christi. Die heilige
Helena hatte sie bauen lassen. Zur gleichen Zeit setzte auch die
Wallfahrtstätigkeit zum Berg Sinai ein, dem heiligen Berg, wo der
Dornbusch wuchs, der nach der Tradition derselbe war, den Mose
geschaut hatte.[48]
Die Schauplätze der großen Gotteserscheinungen des Alten Testaments erwiesen sich als besonders hilfreich, um die unglaubliche
Wende zu verstehen, die sich durch Christus ereignet hatte: der
Übergang vom Sinai zum Tabor, von der dunklen Wolke zum
strahlenden Licht des Verklärten, von der unerreichbaren Transzendenz des lebendigen Gottes hin zur Vergöttlichung der
menschlichen Natur aufgrund der Vermittlung durch das fleischgewordene Wort.
Jahwe hatte im Exodus Mose diese Antwort gegeben: »Du kannst
mein Angesicht nicht sehen; denn kein Mensch kann mich sehen
und am Leben bleiben.« Dann sprach Jahwe: »Hier, diese Stelle da!
Stell dich an diesen Felsen! Wenn meine Herrlichkeit vorüber-
zieht, stelle ich dich in den Felsspalt und halte meine Hand über
dich, bis ich vorüber bin« (Ex 33, 20–22). Irenäus hatte diese Stelle
kommentiert, indem er lehrte: »Das bedeutet zweierlei: Einmal,
daß es dem Menschen unmöglich ist, Gott zu sehen, und dann,
daß durch Gottes Weisheit in den letzten Zeiten der Mensch ihn
sehen wird auf der Höhe des Felsen, das heißt, wenn er als Mensch
ankommen wird. Deshalb sprach er auch mit ihm von Angesicht
zu Angesicht auf der Höhe des Berges, in dem nach dem Bericht
des Evangeliums noch Elija dabei war, und erfüllte am Ende seine
frühere Verheißung.«[49]
So kam es, daß das Mosaik in der Apsis des Katharinenklosters, das
im 6. Jahrhundert an jenem heiligen Ort des Sinai erbaut wurde,
die erste Darstellung der Verklärung des Herrn zeigt. Dieses Bild
stellt eine so vollendete Komposition dar, daß das zugrunde lie-

gende ikonographische Muster keine wesentliche Veränderung mehr erfuhr: Es zeigt Christus in strahlendem Lichtglanz, umgeben von einer Mandorla der Glorie und flankiert von Mose und Elija, der zu seinen Füßen von den drei am Boden sitzenden Aposteln betrachtet wird.

Hier wird die Affinität von Vision und Abbildung besonders deutlich. So wie die Vision – oder auch die Kontemplation – zugleich eine Vielheit in einer Einheit aufnimmt, so ist auch die bildhafte Darstellung, die ihrem Wesen nach gleichfalls auf die Zeitdimension verzichtet, in der Lage, uns einer außerordentlich reichen und vielfältigen Wirklichkeit teilhaftig werden zu lassen, die sich in ihrer Totalität unmittelbar aufdrängt.

Der Blick auf diese Ikone der *Verklärung* aus der Nowgoroder Schule des 15. Jahrhunderts bestätigt das. Wer sie betrachtet, nimmt ihre Botschaft in ihrer Gesamtheit auf: die Gegenwart des Mysteriums. In einem zweiten Schritt muß er dann versuchen, diese Botschaft mit Hilfe der symbolischen Sprache zu entziffern, die in der linearen und chromatischen Komposition des Bildes besteht.

Ein großer Kreis, der stark expandierend wirkt, weil er zur Peripherie hin immer heller wird, steht auf der Spitze eines Dreiecks, dessen gleichschenklige Struktur durch die Strahlen hervorgehoben wird, die von der senkrechten Achse des Kreises ausgehen. Diese wird von der strahlend weißen Gestalt Christi gebildet. Das ist die Grundstruktur unserer Ikone.

Die Umrisse der Gestalten Moses und Elijas begleiten und verstärken die Kreisform des Glorienscheins. Doch die Brüche im Faltenwurf ihrer Gewänder lassen an eine horizontale Linie denken, die durch das Zentrum des Nimbus geht und mit der senkrechten Achse ein Kreuz bildet. Im unteren Bereich der Ikone erscheinen die bewegten Konturen der am Boden hingestreckten Apostel in ein Kreissegment gefaßt, das von den drei Strahlen gebildet wird.

Die erste Botschaft, die diese Struktur mitteilt, läßt sich so verstehen: Die Fülle des Lebens (= der Kreis), die sich als Licht zeigt, das von der Gestalt Christi ausstrahlt, bleibt nicht in sich selbst verschlossen, sondern umschließt mit ihrer Bewegung die ganze Schöpfung und insbesondere den Menschen. Diese Begegnung mit dem Leben, die die absolute Quelle der Freude für alle Geschöpfe ist, vollzieht sich auf der Höhe des Berges (= das Dreieck), der das

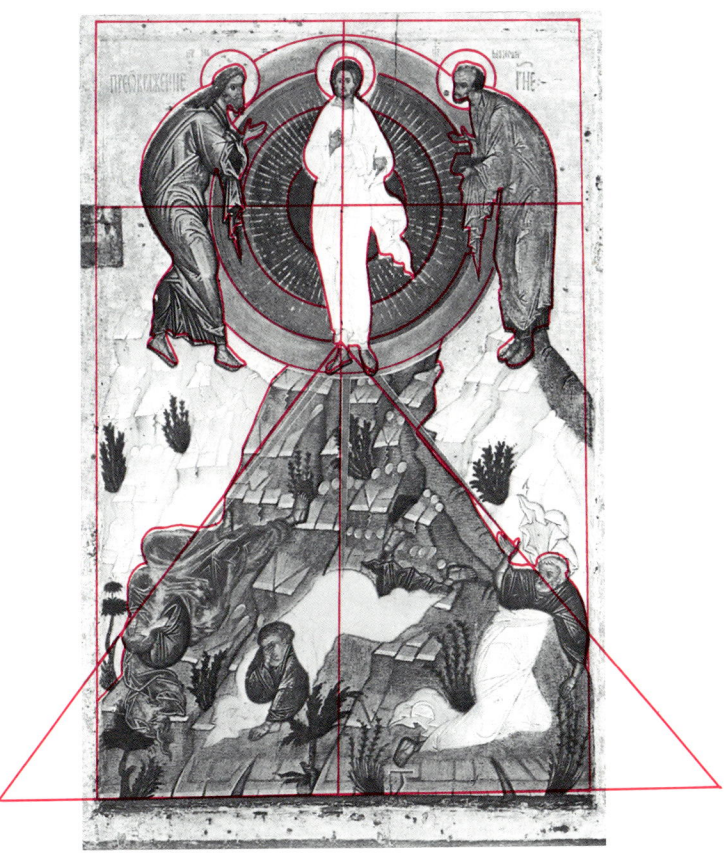

universale Symbol für die Verbindung von Himmel und Erde darstellt. Es ist der Ort, wo die Güte Gottes überfließt und zugleich
auch umgekehrt der Konvergenzpunkt aller menschlichen Bemü-
hungen um den Aufstieg zu Gott.

Die Gestalt Christi erscheint kompositorisch als Weiterführung
des Berges. Sie drückt die symbolische Gleichung aus, die Paulus
aufgestellt hat: »Dieser Fels war Christus« (1 Kor 10,4). Er selbst,
der Mittler zwischen Gottvater und den Menschen, ist der Berg,
der absolute Ort der Begegnung des Menschen mit Gott.

Auf dieser Ikone der Verklärung Christi bleibt die Ankündigung
des schmerzhaften Auszugs in die Wirklichkeit des Leidens und
Sterbens im Hintergrund. Was sich aufdrängt, ist vielmehr der erste Tag der Neuen Schöpfung, die berufen ist, am Lichtglanz und
an der Schönheit Gottes teilzunehmen: »Siehe, ich mache alles

neu« (Offb 21,5). Die ganze Szene ist in der Tat wie eingetaucht in das schattenlose Sonnenlicht des Mittags. Die warmen, tiefen, aktiven Farben, von Orange bis Purpurrot, die in komplementärem Kontrast zur kühleren Farbskala der Grüntöne stehen[50], sind die Farben der Natur, die zur vollen Entfaltung ihrer üppigen Blüte und Vitalität gelangt ist. Es ist der große Tag, der Tag der Sommersonnenwende, an dem die Sonne nicht untergeht. Im Kreis der Glorie, der auch der Kreis der Zeit ist, steht der leuchtende Christus für die Vertikale des Zenit und die ewig nicht mehr untergehende Sonne.

Das Abendmahl

»Das Pascha, nach dem Jesus für uns verlangt hat, war sein Leiden: Durch das Leiden hat er uns vom Leiden befreit, durch den Tod hat er den Tod besiegt, und durch die sichtbare Nahrung hat er uns sein unsterbliches Leben vermittelt. Seht das heilsame Verlangen Jesu! Seht seine vollkommen geistige Liebe! Er wollte die Gestalten als Gestalten zeigen und an ihrer Stelle den Jüngern seinen heiligen Leib reichen: Nehmt und eßt, das ist mein Leib; nehmt und trinkt, das ist mein Blut – der Neue Bund –, vergossen für viele zur Vergebung der Sünden. Wenn er weniger danach verlangt zu essen als zu leiden, dann, weil er uns vom Leiden befreien will, dem wir essend verfielen.«

Aus: Une homélie inspirée du traité sur la Pâque d'Hippolyte, SC 27, 174

*»Es war vor dem Paschafest. ... Da er die Seinen liebte,
liebte er sie bis zur Vollendung.«*
Joh 13, 1

Das letzte Mahl Jesu mit den Aposteln am Vorabend seines Leidens ist zugleich Geschehnis, das historische Mahl, bei dem auch
der Verräter anwesend war, und gegenwärtiges Geheimnis des
Glaubens, nämlich die Einsetzung des eucharistischen Sakraments.
Diese zweifache Bedeutung des Abendmahls Jesu hat in der Kunst
seit den ersten bildlichen Darstellungen im 6. Jahrhundert zu zwei
verschiedenen ikonographischen Mustern geführt.
Das erste Muster, das vor allem bei den Lateinern Verbreitung
fand, zeigt die Apostel, die um Jesus versammelt sind, und legt den
Akzent auf die Intensität der tragischen Gemütsbewegung, die von
der Ankündigung des Verrats ausgeht. Das zweite, das den Byzanti-
nern besonders teuer ist, setzt den liturgisch-sakramentalen Vollzug der eucharistischen Kommunion der Apostel ins Bild und
taucht im 11. Jahrhundert in der Rundung der Apsis in den Kirchen auf. Im Gefolge wird es in die russischen Ikonostasen übernommen und über der königlichen Tür plaziert: Christus als Ho-
herpriester in der Mitte teilt Brot und Wein an die Jünger aus, die
in zwei Gruppen aufgeteilt sind.
Trotz der Vorliebe für dieses Thema hat die byzantinische Kunst
es dennoch nicht unterlassen, auch das historische Mahl darzustellen. Die Entwicklung dieser Komposition verläuft im Osten wie im
Westen gleich: vom halbkreisförmigen Tisch führt sie zur runden
Tafel. Vom Betrachter aus sitzt Jesus auf der linken Seite, entspre-
chend der antiken Vorstellung vom Ehrenplatz. Die tiefe Vernei-
gung, in der Johannes dem Herrn gegenüber verharrt, erlaubt es,
daß Petrus, der üblicherweise neben Andreas sitzt, den zweiten
Platz einnimmt. Die Plazierung des Judas variiert von Bild zu Bild,
aber meistens folgt Judas, wie auch auf dieser Ikone aus der nordi-
schen Schule, direkt auf die genannte Dreiergruppe. Er vollzieht
auf diesem Bild jene Handlung, die ihn nach dem Wort Jesu als
Verräter entlarvt: »Der, der die Hand mit mir in die Schüssel ge-
taucht hat, wird mich verraten« (Mt 26,23).
Doch woran liegt es, daß den Betrachter dieser Ikone wie in immer
höheren Wellen ein Gefühl von Wärme, von Intimität und Frie-

den durchströmt? Um diese Frage zu beantworten, ist erneut die symbolische Rolle der Farben und der kompositorischen Struktur des Bildes zu erhellen.

Der Betrachter muß sich das Geheimnis des Abendmahls vergegenwärtigen, jenes mystischen Mahles, das geistlich und sakramental zugleich ist und in dem Jesus, der Christus, in dem »die ganze Fülle der Gottheit leibhaftig wohnt« (Kol 2,9), nach einem Wort Gregor Palamas mit uns »leibsverwandt« wird, damit wir in ihn verwandelt werden. Könnte der Ikonenmaler diese Botschaft von der Vergöttlichung des Menschen, die seit Irenäus im Brennpunkt allen Nachdenkens der östlichen Kirche steht, besser ins Bild setzen als dadurch, daß er alles um die Mitte dieses runden Tisches kreisen läßt und zugleich die Bewegung nach oben vollzieht?

Aufgrund der verkehrten Perspektive scheint sich die Tischplatte senkrecht aufzurichten, so daß man sie in der ganzen Weite ihrer Ausdehnung übersehen kann. Sie bildet die kompositorische und ideale Mitte der Ikone, die durch das Weiß der Tischdecke noch hervorgehoben wird. Die Apostel sind im Kreis um den Tisch herum angeordnet, wobei ihre Gewänder in den Komplementärfarben Rot und Grün sich einfügen in die insgesamt harmonische und ruhige Atmosphäre.

Die Gestalt des Herrn ist die einzige, die in ihrer Ganzheit gezeigt wird, obwohl sie Teil des Kreises ist. Gleichwohl erscheint sie erhöht und ein wenig gegen den Hintergrund versetzt. In dieser bevorzugten Position wirkt er wie der Zielpunkt einer großen Bewegung, die durch das ganze Bild geht. Von den zum Gebet erhobenen Händen des Apostels in der linken unteren Ecke, der kompositorisch und farblich gegenüber Christus weit in den Vordergrund versetzt wirkt, zeichnet diese Bewegung ein großes S, dessen obere Biegung von den flehenden Händen Johannes' angedeutet wird. Sie setzt sich fort in der Segensgeste des Meisters, dessen Gestalt selbst Bestandteil der weit aufsteigenden Kurve ist.

Die harte, nach unten zielende Linie, die die Bewegung des Judas bildet, vermag nicht die harmonische Geschlossenheit dieser Bewegung zu zerstören, auch deshalb, weil der Künstler links von dieser Diagonalen des Armes des Judas den Rand des Tisches nicht natürlich fortgeführt, sondern ihn etwas nach oben versetzt hat. So wird die Fläche des Tisches vergrößert und zugleich eine starke Gegenkraft zur Bewegung des Judas geschaffen.

Das abendliche, leicht dämmerige Licht ruht auf dem weiten
Tischtuch und glüht in den verschiedenen gedämpften Rottönen.
Es steigt hinter dem Meister auf entlang dem leuchtenden Pfeil, als
der das Bauwerk zu seinen Schultern erscheint. Von dort nimmt es
seinen Lauf über die weite hellrote Draperie und strahlt mit großer
Intensität im Inneren der kleinen Kuppel, die das Bauwerk zur
Rechten krönt.
Die beiden senkrecht aufragenden Bauten, die tief in der kompositorischen Stabilität der unteren Bildhälfte verankert sind, setzen
mit ihrer Eigenart die aufsteigende Bewegung fort, die vom Innern
des Tischkreises ausgeht. Zugleich sorgen sie für einen Bruch und
einen Wechsel der Ebenen. Die Ruhe des mystischen Abendmahls
ist eben noch nicht die des achten Tages, an dem der König »sie am
Tisch Platz nehmen lassen und sie der Reihe nach bedienen« wird
(Lk 12,37), doch es ist seine irdische Antizipation.

Die Kreuzigung

»Nicht gezwungen hat er sein Leben hingegeben, und nicht unter Vergewaltigung ist er hingeschlachtet worden, sondern freiwillig. Höre, was er spricht: ›Ich habe die Macht, mein Leben hinzugeben, und ich habe die Macht, es wieder zu nehmen‹ (Joh 10, 18). Freiwillig ging er also in sein Leiden, er freute sich über dieses gute Werk, frohlockte über die Krone (des Leidens), hatte sein Wohlgefallen an der Erlösung der Menschen, schämte sich nicht des Kreuzes. Denn dadurch erlöste er ja die ganze Menschheit. Der Leidende war nämlich kein niedriger Mensch, sondern der menschgewordene, den Kampf geduldigen Leidens kämpfende Gott.«

CYRILL VON JERUSALEM, 13. Katechese an die Täuflinge; PG 33, 779 BC

»Deshalb hat auch Jesus, um durch sein eigenes Blut das Volk zu heiligen, außerhalb des Tores gelitten. Laßt uns also zu ihm vor das Lager hinausziehen.«
Hebr 13, 12 f

Einziges Thema der christlichen Ikonographie in den ersten drei Jahrhunderten war die Rettung, das dem Christen verheißene ewige Leben. In Baptisterien und Grabstätten, wo christliche Bildgegenstände zuerst begegnen, wurde es gemäß einer Gepflogenheit, die sich unter den hellenistischen Juden herausgebildet hatte, in paradigmatischen Szenen der Rettung dargestellt, herausragenden Fällen göttlichen Eingreifens zum Heil der Glaubenden: Noach, der vor der Sintflut gerettet wird, die drei Jünglinge im Feuerofen, Daniel in der Löwengrube.

Diesen alttestamentlichen Beispielen von Rettung stellten die Christen die des Neuen Testaments zur Seite, die an die Gestalt Christi gebunden sind: seine großen Heilungen – des Lahmen, des Blindgeborenen, der blutflüssigen Frau –, die Auferweckung des Lazarus. Das absolut neue geschichtliche Ereignis aber, das nun die Rettung in Christus begründet, nämlich sein Pascha, das sich in Tod und Auferstehung vollzieht, wurde nur indirekt angesprochen, etwa in der Szene der Opferung Isaaks oder symbolisch im Bild des Ankers, des Lammes oder des durchbohrten Delphins.

Eben das Fehlen ikonographischer Vorbilder erklärt, warum das Passionsgeschehen – und besonders die Szene der Kreuzigung – erst später (seit Ende des 4. Jahrhunderts) im Bildrepertoire auftaucht. Der Grund liegt also weniger im Zurückschrecken vor dem Unerhörten und Entehrenden der Hinrichtungsart als in der allgemein konservativen Tendenz der religiösen Ikonographie.

In der Tat erwies sich erst ein Ereignis von unglaublicher Tragweite wie die Wiederauffindung und Verehrung der heiligen Stätten Palästinas, vor allem der Kult der Kreuzreliquien, als genügend starker Anstoß für das Entstehen einer Passionsikonographie[51], – und wie alle übrigen älteren Ikonenmuster, die von Person und Leben Christi handeln, nahm auch dieses von Anfang an theophanische Bedeutungsgehalte in sich auf.

Der athletische Körper des gekreuzigten Christus in aufrechter

114

Haltung, vom Leiden gänzlich unberührt, meist bekleidet mit einer kurzen, ärmellosen Tunika, dem *colobium*, bereits tot, denn aus der vom Speer geöffneten Seite rinnen Blut und Wasser, doch mit geöffneten Augen, den nie sich schließenden dessen, der das Leben ist: So stellen die christlichen Künstler, unter Auslassung der objektiv brutalen und blutigen Geschehenszusammenhänge, die Szene dar: als Theophanie des Herrn Jesus Christus. Symbolisch gestalten sie die von der Kirche verkündete menschlich-göttliche Doppelnatur dessen, der das fleischgewordene Wort ist. Christus am Kreuz ist als Mensch tot, doch lebendig als Gott.

Es war eine verbreitete Überzeugung der Zeit, daß der Löwe mit offenen Augen schlafe. Das wird, zusammen mit der Identifikation Christi mit dem Löwen Judas (vgl. Offb 5,5) das Verständnis des theophanischen Sinnes in der folgenden Vorstellung gefördert haben: »Wenn der Löwe in seiner Höhle schläft, wachen seine Augen; denn sie sind offen, und im Hohenlied bezeugt Salomo und spricht: ›Ich schlafe, aber mein Herz wacht‹ (Hld 5,2). So schläft zwar der Leib meines Herrn am Kreuz, seine Gottheit aber wacht zur Rechten des Vaters. ›Denn nicht schlummert oder schläft der Wächter Israels‹ (121,4).«[52]

Erst einige Jahrhunderte später, als die Spannungen der christologischen Häresien nachgelassen haben, führt die Betrachtung der Leiden Christi am Kreuz zu einer Darstellung, die nun nicht mehr »der Natur entgegensteht«, sondern »dem menschlichen Wesen gemäß«[53] ist. Nicht mehr sieghaft, lebend, aufrecht erscheint er jetzt, sondern nackt und tot, in gewundener Körperhaltung, die auf die Leidensqualen hinweist.

Trotz dieser grundlegenden Veränderung bleibt die Kreuzigungsdarstellung im byzantinischen Bereich weiterhin eingetaucht in eine Atmosphäre, die die hohe Würde des Gekreuzigten ausstrahlt. Das Mitgefühl des Schmerzes weicht hier zurück vor der Betrachtung des Mysteriums.

Dies wird deutlich auf dieser russischen Ikone, die aus dem Ende des 14. Jahrhundert stammt und stark beeinflußt ist von der byzantinischen Kunst aus der Zeit der Palaiologen. Vollkommenes Gleichgewicht beherrscht die gesamte Komposition. Das Kreuz ist fest eingepflanzt in den steinigen Kegel, der Golgota darstellt, und hebt sich stark von den Mauern Jerusalems ab, die den Hintergrund in zwei Hälften teilen. Die leichte Neigung der Mutter Jesu

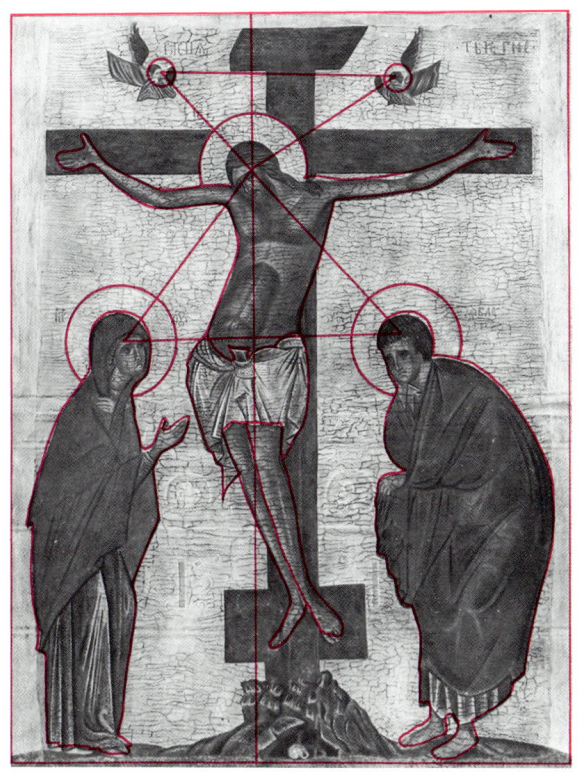

setzt sich fort in der Windung des Körpers ihres Sohnes, während die gebeugte Gestalt des Apostels die Leere ausfüllt, die durch die Asymmetrie des Gekreuzigten entsteht. Die Häupter der drei Personen sind gleichweit voneinander entfernt, und die beiden Engel in der Höhe verstärken die Stabilität der Struktur.

Dasselbe Gleichgewicht beherrscht auch in der Sphäre der Gefühle: die antike Gebärde des Schmerzes – die an eine Hand gelehnte Wange –, die hier eher den Ausdruck der Kontemplation annimmt, wird nur von Johannes vollzogen, während die Mutter in der Haltung derer verharrt, die für die anderen eintritt. Die Engel verhüllen ihr Antlitz, bestürzt über die unbegreifliche Erniedrigung des Herrn des Lebens. Aber über allem steht der Friede des majestätischen und zugleich grazilen Leibes des Gekreuzigten, dem die Windung des Schmerzes noch größere Eleganz und Leichtigkeit verleiht.

»Ich sehe ihn gekreuzigt und nenne ihn König«[54], hatte Johannes

Chrysostomus gesagt. Die Ikone drückt diese königliche Würde auch farblich aus, indem sie das Ockerbraun als einzige Farbe der Personen und der Gegenstände in verschiedenen aufeinander abgestimmten Tönen variiert. Die goldene und geradezu immaterielle Helligkeit des Hintergrundes läßt diesen chromatischen Akkord in Ockerbraun als besonders feierlich erscheinen und die Gruppe dem Betrachter ganz nahe kommen. Die wasserblauen Reflexe auf dem Lendentuch Christi und auf den Untergewändern Mariens und Johannes' sowie auf dem Felsen Golgota tragen dazu bei, jede Schwerfälligkeit aus dem Bild fernzuhalten.

Blut quillt aus der Seite hervor und fließt aus den Nagelwunden. Origenes sagt, daß der Neue Adam, der am Kreuze schläft, »nicht den anderen Toten glich; sondern aus der Tiefe des Todes offenbarte er Zeichen des Lebens im Wasser und im Blut und war sozusagen ein Neuer Toter.«[55] Schon im Lichte, wird dem Schädel des Alten Adam als erstem die reinigende Waschung der Erlösung zuteil. Eine Erlösung, die sich auf das gesamte Universum erstreckt und im dreidimensionalen byzantinischen Kreuz wohl ihr umfassendstes Symbol findet. Die beiden Querbalken bezeichnen die vierfache Ausdehnung des irdischen Raumes, während der senkrechte Stamm von der lebenspendenden Begegnung von Himmel und Erde kündet.

Das Kreuz Christi ist ein kosmisches Kreuz, das die ganze Welt umarmt, um sie neu zu schaffen, wie schon Irenäus das wunderschön zum Ausdruck brachte: »Es ist selbst das Wort des allmächtigen Gottes, das in unsichtbarer Gegenwart uns alle zumal durchdringt, und deshalb umfaßt er alle Welt, ihre Breite und Länge, ihre Höhe und Tiefe. Denn durch das Wort Gottes werden alle Dinge der Ordnung gemäß geleitet. Und Gottes Sohn ist in ihnen gekreuzigt, indem er in der Form des Kreuzes allem aufgeprägt ist. War es doch recht und angemessen, daß er mit seinem eigenen Sichtbarwerden an allem Sichtbaren seine Kreuzesgemeinschaft mit allem ausprägte. Seine Wirkung sollte es an den sichtbaren Dingen und in sichtbarer Gestalt zeigen, daß er der ist, welcher die Höhen, das heißt den Himmel, erhellt und in die Tiefen hinabreicht, an die Grundfesten der Erde; der die Flächen ausbreitet von Morgen bis Abend, und von Norden und Süden die Weiten leitet und alles Zerstreute von überallher zusammenruft zur Erkenntnis des Vaters.«[56]

Der Abstieg in das Reich des Todes

»Aufglänzen die heiligen Strahlen des Lichtes Christi, die reinen Fackeln des reinen Geistes erheben sich, und die himmlischen Schätze der Herrlichkeit und der Gottheit stehen offen; die endlose und finstere Nacht ist verschlungen, das Dunkel ist zerstört in diesem Licht, und der traurige Schatten des Todes ist in den Schatten zurückgekehrt. Das Leben hat sich ausgebreitet auf alle Wesen, und sie alle sind erfüllt von großem Licht. Der Aufgang der Sonnenaufgänge erfüllt den Erdkreis, und er, der ›vor dem Morgenstern‹ war und vor den Gestirnen, unsterblich und unendlich, der große Christus, er strahlt über alle Wesen stärker als die Sonne.
Deshalb bricht für uns alle, die wir an ihn glauben, ein Tag des Lichtes an, ein langer, ewiger Tag, der nicht zu Ende geht, das mystische Pascha, das als Vorausbild vom Gesetz gefeiert wurde, nun aber endgültig vollendet ist durch Christus.«

Aus: Une homélie inspirée du traité sur la Pâque d'Hippolyte,
SC 27, 116

119

»Wach auf, der du schläfst, und steh auf von den Toten,
so wird dich Christus erleuchten.«
Eph 5,14

Die ältesten bildlichen Darstellungen der Auferstehung Jesu
(3. Jahrhundert) folgten den Erzählungen der Ostergeschichten in
den Evangelien. Sie zeigten die indirekten Zeugen dieses Ereignisses: die Frauen am Grab, das Gespräch Mariens mit dem Engel,
Thomas beim Betasten der Wundmale des Herrn. Erst gegen Ende
des ersten Jahrtausends hat man gewagt, Christus im Vollzug der
Auferstehung darzustellen. Jedoch hat sich diese Darstellungsart
im Bereich des kirchlichen Orients nicht durchgesetzt.
Hier hat sich vielmehr ein anderes ikonographisches Grundmuster
entwickelt, das Fuß gefaßt hat. Inspiriert war es von den Bildern
der kaiserlichen Kunst, in denen der siegreiche Kaiser als »Befreier«
dargestellt wurde. Er ist im Begriff, die knienden Personifikationen
der eroberten Völker von der »Tyrannei« ihrer Herrscher zu »befreien«.
Dieses Muster eignete sich sehr gut, um den auf die ursprüngliche
apostolische Überlieferung zurückgehenden Glaubensartikel ins
Bild zu fassen, in dem das Hinabsteigen Jesu Christi in das Reich
des Todes bekannt wird. Er drückt aus, daß der Sohn Gottes wirklich den Tod eines Menschen erlitten hat und zugleich siegreich
über ihn triumphiert: »Er gibt ihn nicht der Unterwelt preis, und
sein Leib schaut die Verwesung nicht« (Apg 2,31).
Dieser endgültige Sieg über den Tod brachte die völlige Befreiung
für den Menschen, der Gefangener der Macht des Todes ist. Mit
der Wiedererhebung oder Auferweckung *(Anastasis)* Adams – so
lautet die älteste Bezeichnung dieser Darstellung – und aller Ge-
rechter, die vor der Stunde des Heiles gelebt haben, beginnt die
Menschheitsgeschichte von neuem, jetzt beim Neuen Adam, dem
»Erstgeborenen der Toten« (Kol 1,18).
Dieser Glaubensartikel vom Hinabsteigen des Herrn in das Reich
des Todes wurde schon in den ältesten eucharistischen Gebeten er-
wähnt und schon bald in das Glaubenssymbol aufgenommen. Sein
Inhalt war sodann Gegenstand einer pittoresken und dramatischen
Beschreibung in der apokryphen Schrift des Nikodemus. Dieser
Glaubenssatz wurde auch zum zusammenfassenden Thema der

120

Taufkatechesen: Jeder Katechumene konnte sich ja in dem Alten Adam wiederentdecken, zu dem Christus hinabgestiegen war, um ihn »aus der Finsternis in sein wunderbares Licht« (1 Petr 2,9) zu rufen.

Eine alte, Epiphanius zugeschriebene »*Homilie am großen und heiligen Sabbat*« legt Christus, der sich Adam zuwendet, dieselben Worte in den Mund, die in der apostolischen Kirche als Anrufung der Täuflinge bei ihrer Taufe dienten: »Ich bin dein Gott, der um deinetwillen dein Sohn geworden ist; für dich und für diese, die aus dir hervorgegangen sind, spreche ich nun, und durch meine Macht befehle ich denen, die im Gefängnis sind: Geht hinaus! Und denen, die im Dunkel sitzen: Seid erleuchtet! Und denen, die tot waren: Steht auf! Und dir befehle ich: Wach auf, der du schläfst! ... Steh auf vom Tod.«[57]

Die Ikone des *Hinabstiegs in das Reich des Todes* aus der Kirche von Wolotowo bei Nowgorod proklamiert in unmißverständlicher Weise diese österliche Botschaft.

Ein breites diagonales Lichtband, das von dem beleuchteten Berg zur Rechten herabkommt, beherrscht das Bild. Teil dieses leuchtenden Bandes ist Christus, der blendend wie ein Blitz sich abhebt von dem dunklen Hintergrund des Glorienscheins. Er erscheint, als ob er mit ungeheurer Dynamik noch beim Herabsteigen zugleich die entgegengesetzte Bewegung des Aufsteigens vollzöge, gleichsam mit Macht in die Höhe gezogen werde und dabei die mit sich risse, die zu befreien er gekommen ist.

Die ganze Komposition des Bildes ist im Hinblick darauf konzipiert, diese zweifache gleichzeitige Bewegung auszudrücken. Während die siegreiche Dynamik der Gestalt Christi hervorsticht gegenüber der Unbeweglichkeit der beiden Personengruppen, ist letztere doch nicht mehr total, weil das plötzliche Erscheinen dessen, der das Leben ist, alle aus der alten Stumpfheit gerissen hat.

Die Gestalt Adams neigt sich in einem weit ausgreifenden Bogen Christus zu, das Handgelenk liegt fest im Griff des Erlösers, was den Stammvater als mit dem Herrn unlösbar verbunden ausweist. Eva, die Mutter der Menschen – farblich das genaue Gegenstück zu Adam –, kniet nieder in der Erwartung, vom Herrn erhoben zu werden. Diesem strecken sich bittend die Hände Davids, Salomos und seines Vorläufers Johannes entgegen; hinter ihnen erhebt sich das Bergmassiv, in dessen Umrissen die der Adam-Figur wiederkeh-

ren. Das siegreiche Kreuz, Radius des Glorienscheins, ist der mittleren Senkrechten gegenüber leicht nach rechts versetzt.

Doch liegt der Schlüssel zum Sinngehalt dieser doppelten gegen-
läufigen Bewegung wohl in dem in helles Licht getauchten Berg, in
dem strukturell das emporwallende Gewand des auferstandenen
Herrn seine Fortsetzung findet. Während nämlich das Licht als Ef-
fekt der umgekehrten Perspektive über die mächtigen Felsstufen
herabströmt, in der Gestalt Christi zusammenfließt und sich
schließlich in den nunmehr abgetanen Zeichen der Knechtschaft
bricht, so entsteht durch die konvexe Form der Felsen im oberen
Bildteil – ihrerseits bedingt durch die Umkehrung der Perspektive
– der optische Eindruck, daß die Linien, in denen die Bewegung
des Lichtes verläuft, wieder auseinanderstreben und sich zum un-
endlichen Orient hin öffnen.

Die Himmelfahrt

»Da er in sich selbst das ganze Abbild (Gottes) verkörperte und da er den alten Menschen auszog und ihn in den ›himmlischen Menschen‹ verwandelte, so stieg dieses ihm beigemischte Abbild (des Menschen) mit in den Himmel hinauf. Beim Anblick eines so großen Geheimnisses, das ein Mensch darstellt, der mit Gott auffährt, riefen die himmlischen Mächte mit Freude den Heerscharen diesen Befehl zu: ›Ihr Fürsten, öffnet eure Tore, hebt euch, ihr uralten Pforten; denn einziehen wird der König der Herrlichkeit‹. Als diese das unerhörte Wunder eines mit Gott verbundenen Menschen sahen, riefen sie zurück: ›Wer ist dieser König der Herrlichkeit?‹ Und die Befragten erwiderten: ›Der Herr der Mächte und Gewalten ist der König der Herrlichkeit, stark, gewaltig und mächtig im Kampf.‹
O mystischer Chor, o geistliches Fest! O göttliches Ostern, du steigst herab vom Himmel bis zur Erde und fährst wieder auf von der Erde in die Himmel.«

Aus: Une homélie inspirée du traité sur la Pâque d'Hippolyte, SC 27, 186–188.

»Ich bin bei euch alle Tage bis zum Ende der Welt.«
Mt 28,20

Während der ersten drei Jahrhunderte der Kirche war das Gedenken an die glorreiche Himmelfahrt des Herrn mit dem seiner Auferstehung verbunden. Zur Bewegung des Abstiegs des Knechtes Jahwes stellte sie die letzte Antithese dar: »Wunderbares Ostern«, rief eine alte Predigt über Ostern aus, »Leben, das aus dem Grab ersteht, und Heilung, die aus der Wunde fließt, Auferstehung aus dem Fall und Himmelfahrt aus dem Abstieg (in das Reich des Todes)!«[58]

In der Folge, als die Himmelfahrt des Herrn Gegenstand eines eigenen Gedächtnisses wurde, feierte man sie zusammen mit dem Pfingstfest, und später – in Antiochien schon seit der Mitte des 4. Jahrhunderts – wurde ihr Gedächtnis endgültig auf den vierzigsten Tag nach Ostern festgelegt, in Übereinstimmung mit der Erzählung aus der Apostelgeschichte.

Diese verschiedenen Schritte auf dem Weg sind mit Sicherheit nicht zufällig gewesen. Erst nachdem sie das österliche Mysterium der Auferstehung in seiner Einheit verstanden hatte – die fünfzig Tage bis Pfingsten wurden tatsächlich als zeitliche Ausdehnung eines einzigen Festes betrachtet –, unterschied die Glaubensreflexion der Kirche nach und nach die verschiedenen Elemente dieses Geheimnisses und machte sie zu Inhalten eigenständiger Feiern.

So erkannte man, daß mit dem Ereignis der Himmelfahrt die Betrachtung des innersten Geheimnisses der Kirche eng verbunden war: Sie ist die, die in der Gegenwart des Herrn lebt, der verherrlicht zur Rechten des Vaters sitzt, des Herrn der Geschichte, der wiederkommen wird am Ende der Zeiten; sie weiß sich selbst dem verherrlichten Herrn in unlösbarer Weise verbunden in jenem Menschsein, das er in sich aufgenommen und zum Himmel mitgenommen hat.

Dies ist ein gänzlich innerer Aspekt gegenseitiger und unveränderlicher Gegenwart, die Gregor von Nyssa in wunderschönen Bildern zum Ausdruck brachte. Er spricht vom verlorenen Schaf, das der Hirt auf seinen Schultern trägt, und von der Hochzeit, bei der »der Bräutigam, das Brautgemach verlassend, sich mit uns vereinigt, nachdem er die Natur in ihrer jungfräulichen Ganzheit

wiederhergestellt hat, da wir der Jungfrau gleichen, die sich den Götzen hingab.«[59]

Und dieses Thema der wiederhergestellten Ganzheit, das schon immer an das Osterfest gebunden war, konnte nicht umhin, neben Christus, den Neuen Adam, Maria, die Neue Eva, zu stellen. Sie ist die jungfräuliche Braut und Urbild der Kirche.

Eine solche fortschreitende Vertiefung der Glaubenserkenntnis wirkte sich naturgemäß auch auf die Festlegung eines ikonographischen Musters aus.

Die erste Art, die Himmelfahrt darzustellen (4./5. Jahrhundert), wurde bald wieder fallengelassen. Man sah dort Christus im Profil, der einen Berg hochschreitet und seine Rechte der göttlichen Hand darbietet, die aus dem Himmel erscheint. Diese Darstellung trübte nicht nur die Vorstellung von der göttlichen Macht Christi, sondern sie fixierte sich auch auf einen Moment, der wenig bedeutsam ist für den eigentlichen Gehalt des Glaubensgeheimnisses.

Das endgültige ikonographische Muster, das im 6. Jahrhundert auftaucht, erscheint zutiefst verändert. Es handelt sich hierbei um eine Frontalkomposition, die sich in zwei Bereiche teilt: In der Höhe thront Christus, unbeweglich in seiner Glorie, die von Engeln getragen wird. Unten auf der mittleren Senkrechten, exakt unter Christus plaziert, steht Maria, die Mutter Gottes, flankiert von zwei Engeln und umgeben von den Aposteln. Obwohl die Evangelien und die Apostelgeschichte es nicht erwähnen, war es doch tiefe Überzeugung der ursprünglichen christlichen Gemeinde, daß Maria in allen wichtigen Momenten im Leben ihres Sohnes dabei war. Diese Überzeugung schlug sich dann auch in den liturgischen Texten nieder: »Es war angemessen, daß die, die als deine Mutter mehr als jeder andere litt bei deinem Leiden, erfüllt wurde von überströmender Freude bei der Verherrlichung deines Fleisches.«[60]

So war man von einer äußerlichen Darstellung des Heilsereignisses dazu übergegangen, den Inhalt des Mysteriums selbst ins Bild zu bringen.

Das wird besonders deutlich an dieser Ikone der Himmelfahrt eines Schülers Andrej Rublews aus dem 15. Jahrhundert. Es war die Blütezeit der russischen Kunst, in der noch kein sekundäres Element die Transparenz der Botschaft trübte.

Die zur mittleren Senkrechten des Bildes leicht geneigte Gestalt

der Jungfrau in Orantenhaltung hebt sich in ihrer dunklen Farbe scharf ab von dem strahlenden Lichtkegel der Engel, die auf den Himmel verweisen.

Maria allein, die voll der Gnade ist, trägt wie jene den Heiligenschein als Zeichen der Teilnahme am göttlichen Leben. Sie allein schaut geradeaus vor sich, während die Blicke der Apostel zum Himmel oder auf sie gerichtet sind. Sie allein auch sieht, vermittelt durch ihren leuchtenden Glauben, den Herrn Jesus, den die Wolke den Blicken der anderen verbirgt und auf dessen goldenem Gewand jetzt die Herrlichkeit des Wortes Gottes aufglänzt.

Sie, die ihn im Glauben empfangen hat und *Platytera* genannt wird. Weiter als der Himmel, weil ihr Leib den umfangen hat, den das All nicht zu umfangen vermag, wird sie selbst von ihm umfangen werden – ja, sie ist es schon – bei seinem zweiten Kommen.

Wie sollte der Betrachter nicht wahrnehmen, daß der nach oben geöffnete Raum des Lichtes, der die Jungfrau und Mutter umgibt, ideell den Glorienschein des Sohnes aufnimmt. Die Rautenform, die sich daraus ergibt, ist eben das Symbol für die Vereinigung von Himmel und Erde, für die Überwindung des Geist-Materie-Dualismus in einer harmonisch verwirklichten Einheit.

Doch alles das geschieht noch in der Geschichte, die jetzt gezeichnet ist vom beständigen Wirken des verherrlichten Herrn. Die bewußte Orchestrierung der kompositorischen Elemente verleiht der Ikone in der Tat eine weite Rotationsbewegung im Uhrzeigersinn: der Glorienkranz ist eine Sonnenscheibe, die sich dreht, und die Streckung des rechten Arms Christi, die noch unterstützt wird durch die starke Versetzung seines Beckens gegenüber der mittleren Senkrechten, gibt die Richtung der Drehung an.

Auch die Engel, die die Glorie tragen, nehmen an dieser Bewegung teil: der rote Engel zur Rechten wirkt »schwerer«, der grüne zur Linken hingegen »leichter«. Das gleiche vollziehen auf der Erde die beiden Apostelgruppen: Die rechte erscheint unbeweglich, ausgestreckt zur Höhe hingegen die andere.

Es ist die Bewegung der Himmelsdrehung: vom Untergang zum Aufgang; es ist die unsichtbare Bewegung der Kirche: immer gegenwärtig vor ihrem Herrn, immer seinem Kommen entgegengestreckt. »Der Geist und die Braut sagen: Komm! Komm, Herr Jesus!« (Offb 22, 17. 20).

Pfingsten

»*Denn diesen (Geist) über seine Knechte und Mägde auszugießen,
damit sie prophezeien sollten, das hatte er durch die Propheten versprochen. Daher stieg dieser auch auf den Sohn Gottes, der zum
Menschensohn geworden war, hinab und gewöhnte sich bei ihm,
im Menschengeschlechte zu wohnen und in den Menschen zu ru-
hen und Wohnung zu nehmen im Geschöpfe Gottes, indem er in
ihnen den Willen des Vaters vollzog und sie aus dem Alten zur
Neuheit Christi erneuerte.*
*Daß dieser nach der Himmelfahrt des Herrn auf die Jünger am
Pfingstfeste herabgestiegen sei und allen Völkern den Eintritt zum
Leben eröffnete und das Neue Testament erschloß, berichtet
Lukas.*«

IRENÄUS VON LYON, Gegen die Häresien III,17,1; PG 7, 929 A

131

»Sendest du deinen Geist aus, so werden sie alle erschaffen, und du erneuerst das Antlitz der Erde.«
Psalm 104, 30

Die ersten Darstellungen des Pfingstfestes, die aus Syrien und Palästina stammen (6. Jahrhundert), weisen die gleiche kompositorische Struktur auf wie die Darstellungen der Himmelfahrt: Auf die in der Mitte aufrecht stehende und von den Aposteln umgebene Maria kommt das Feuer des Heiligen Geistes herab. Doch je mehr sich in der folgenden Glaubensreflexion die Bedeutung des Pfingstfestes in Richtung auf die apostolische Sendung der Kirche abzeichnete, änderte sich auch das ikonographische Muster, mit dem dieses Heilsereignis ins Bild gesetzt wurde.

Man griff zurück auf das klassische Muster des Gruppenbildes[61], das schon in der Kunst der frühesten Christenheit sehr gebräuchlich war. Darin wird eine Gruppe von Weisen dargestellt, die im Halbkreis sitzen, in dessen Mittelpunkt sich der Lehrer der Gruppe befindet. Diese Plazierung, die die Symbolik des Kreises aufnahm, eignete sich hervorragend, um die Gleichheit, Einheit und Communio unter den Mitgliedern des Apostelkollegiums darzustellen, das um Christus, das Haupt der Kirche, versammelt und geeint ist. Ob dieses Haupt nun bildlich dargestellt wurde oder sein Platz einfach leer blieb, um seine unsichtbare Gegenwart zu bezeugen, änderte nichts an der Bedeutung der Aussage.

Zudem war bereits in der Innenarchitektur der Kirchen sowohl des Ostens wie des Westens diese Sitzordnung übernommen worden. Der Klerus nahm auf einem Gestühl Platz, das im Halbkreis angeordnet war – das *Synthronon* – und dessen mittlerer Sitz, der Christus vorbehalten war, vom Bischof eingenommen wurde. So erklärt sich auch, warum die Ikonographie der Konzilien, die die tatsächliche Sitzordnung der Konzilsväter wiedergibt, der des Pfingstfestes gleicht: das ikonographische Muster war dasselbe.

Diese neue Darstellung des Pfingstfestes verbreitete sich von Kappadozien in der Gegend von Byzanz aus und wurde dann im ganzen christlichen Orient übernommen, auch wenn es immer wieder Ikonenmaler gab, die gemäß der Erzählung der Apostelgeschichte Maria den zentralen Platz einräumten. Das kompositorische Grundschema wurde durch eine Reihe von Elementen vervollstän-

digt, die auf dieser Ikone der *Ausgießung des Heiligen Geistes* noch gut lesbar sind und die bildlich eine Reflexion über das Mysterium der Kirche von außerordentlichem Reichtum vermitteln.

Beim Betrachten der Ikone springt die dominierende Gestalt des Bogens ins Auge. Die Weigerung der byzantinischen Kunst, die künstliche Perspektive der dritten Dimension abzubilden, führt dazu, daß die Dimension der Tiefe in die Höhe geht, so daß ein konkaver Raum die Form eines Bogens annehmen muß.

Es sind in Wirklichkeit drei Bögen, die einander überschneiden. Es handelt sich um typisch byzantinische Bögen, eng und hoch. Der erhabenste dieser Bögen ist das Ergebnis der optischen Abplattung der Apsisrundung, in deren Kirche das Pfingstereignis situiert wird. Es findet also nicht mehr an einem geschlossenen, intimen Ort statt wie das Letzte Abendmahl, sondern öffentlich, da, wo der Glaube bezeugt und den Völkern verkündet wird. Stark unterstrichen von dekorativen Elementen bildet dieser Bogen eine Lünette, in deren Mittelpunkt man die Gestalt Christi »sehen« soll, die unsichtbar in der Versammlung der Apostel den Vorsitz führt.

Der zweite Bogen entspricht der halbkreisförmigen Bank der Apostel, während der dritte und kleinste die Tür nach außen umreißt, in der *Kosmos* als allegorische Personifikation erscheint. Diese Gestalt ist der heidnischen Ikonographie entlehnt, wo sie die Schöpfungsordnung repräsentiert.

Die Komposition entspricht so in ihrer Gesamtheit der Grundstruktur des Tempels: Der Block des Irdischen wird von der Sphäre des Himmels überwölbt. Diese Grundstruktur ist selbst ein »dynamisches Bild einer Dialektik zwischen Himmlisch-Transzendentem, nach dem der Mensch ein natürliches Verlangen besitzt, und dem Irdischen, in dem er jetzt seinen Ort hat und wo er sich als Subjekt eines Übergangs begreift, der schon jetzt realisiert werden soll dank der Hilfe der Zeichen.«[62]

Auf diese Weise wird die Pfingstikone zum Ausdruck des Mysteriums jenes lebendigen Tempels, der die Kirche ist: über andere herausgehobener, einziger Ort des Übergangs vom Irdischen zum Himmlischen.

Aber kein Zweifel durfte im Hinblick auf das aktive Prinzip dieses Übergangs bleiben: Die wahre und endgültige Überwindung der Barriere des Materiellen kann nur in der Kraft des Geschenks aus der Höhe erfolgen. Darum ist die aufsteigende Bewegung des Bo-

gens, schon zurückgenommen durch die große schwarze Leere, die
sich hinter der Gestalt des *Kosmos* öffnet und durch die leichte Di-
vergenz der beiden nach oben drängenden Baukörper, in der großen, dunkel strahlenden Halbkugel am oberen Rand, dem Symbol
der göttlichen Transzendenz, umgekehrt.

»Reiß doch den Himmel auf und komm herab!« (Jes 63,19): Am
Pfingstfest, das sich seit jenem geschichtlichen Tag ständig im
Schoß der Kirche erneuert, ist der uralte Wunsch der Menschheit
erhört. Und das Geheimnis jener Finsternis, die nach den Worten
Dionysius Areopagitas die Wirkung des gleißenden und unzugänglichen Lichtes auf die Augen des Menschen ist, manifestiert sich
und teilt sich mit durch das dreifach leuchtende Strahlen der gnä-
digen und rettenden Offenbarung, in der Vater, Sohn und Heiliger
Geist ihr persönliches Wesen darbieten.

»In deinem Licht schauen wir das Licht« (Ps 36,10). Alles kommt
zur Vollendung durch die Ausgießung des Geistes. Schon der hei-

lige Basilius lehrt: »In der Erleuchtung des Geistes werden wir das wahre Licht sehen, das jeden Menschen erleuchtet, der in die Welt kommt.«[63] Es ist das Licht ohne Schatten, das überall in Gold fließt wie reinstes Wasser.

Die Präsenz des Paulus in der Versammlung der Apostel, rechts neben dem freigehaltenen Platz Christi, verrät, daß diese Versammlung nicht im geschichtlichen Augenblick des Pfingsttages betrachtet wird, sondern in ihrer Aufgabe, das Wort zu verkündigen. In der Tat halten die Apostel die leuchtenden Schriftrollen in der Hand, die das geoffenbarte Wort enthalten, das schon der ganzen Welt verkündet ist.

In vollem Licht und in gemessener Haltung hebt sich die Gestalt des Kosmos von der Nacht des Chaos und der Sünde ab. Als Kontrast dazu bildet die konkave Linie des weißen Tuches, das sie auf ihren Armen hält, ein Formelement, das auf das Empfangen jenes Feuers aus der Höhe verweist. Kosmos ist nicht nur die Personifikation der kosmischen Harmonie, sondern er steht auch als Präfiguration des neuen Menschen, der vom Geist in seiner urprünglichen Schönheit wiederhergestellt ist.

So offenbart sich das volle Geheimnis der Kirche: vor Erschaffung der Welt ist sie vorherbestimmt, die in Christus geoffenbarte göttliche Schönheit aufleuchten zu lassen.

Das Entschlafen der Gottesmutter

»Nein, du bist nicht nur wie Elija aufgestiegen zum Himmel, du warst nicht wie Paulus getragen zum dritten Himmel, aber du bist bis zum königlichen Thron deines Sohnes gelangt, in unmittelbarer Schau, in der Freude, und du bleibst bei ihm mit großer und unsagbarer Sicherheit: Für die Engel und für alle Mächte, die die Welt beherrschen, bist du unaussprechliche Fröhlichkeit, für die Patriarchen Gefallen ohne Ende, für die Gerechten unausdrückbare Freude, für die Propheten nicht endender Jubel.
Segen bist du für die Welt, Heiligung für den ganzen Erdkreis, Erleichterung in der Pein, Trost im Weinen, Heilung in Krankheit, Hafen im Sturm. Für die Sünder Vergebung, den Bedrängten gütige Ermutigung, für alle, die dich anrufen, bist du ständige Hilfe.«

JOHANNES VON DAMASKUS, Zum Heimgang Mariens I; PG 96, 717 AB

»Denn in ihm hat er uns erwählt vor der Erschaffung der Welt, damit wir heilig und untadelig leben vor Gott.«
Eph 1,4

Die Überzeugung, daß der Leib Mariens, der Jungfrau und Mutter, nicht der Verwesung im Grab anheimgegeben worden sei, geht auf die ersten judenchristlichen Gemeinden zurück. Schon die älteste Schicht (2./3. Jahrhundert) der apokryphen Schrift *»Dormitio Mariae«* enthält die sprachlich verstiegene, in ihrem Inhalt aber eindeutige Erzählung von der Aufnahme Mariens in den Himmel. Es ist zudem bekannt, daß es in Jerusalem eine ununterbrochene Tradition hinsichtlich des Begräbnisortes (oder der vorübergehenden Aufbewahrung) des Leichnams der Jungfrau gab. Gemeint ist jenes Grab im Garten Gethsemani, über dem gegen Ende des 4. Jahrhunderts Kaiser Theodosius I. eine Kirche erbauen ließ. Von der Feier her, die am 15. August an diesem antiken Zentrum der Marienverehrung begangen wurde, übernahm man auch das Datum des Festes des Entschlafens der Mutter Gottes, das sich im 6. Jahrhundert über den ganzen christlichen Osten ausbreitete und später von der Lateinischen Kirche übernommen wurde.[64]

Die Ikonographie zum Thema entwickelte sich erst vom 9. Jahrhundert an. Sie reflektiert die phantasiereiche Erzählung der Dormitio, deren Lektüre schon früh zum Bestandteil der Festfeiern geworden war und deren Bedeutung für den Glauben die Kirchenväter, insbesondere Johannes von Damaskus, vertieft hatten. Ihre Argumente für die leibliche Aufnahme treten schon in den Schriften der ersten Jahrhunderte zutage, wenn auch symbolisch ausgedrückt. Es ging um die Würde des Leibes der allerreinsten Jungfrau, der »die Wohnung« des Herrn gewesen ist, und um die Teilnahme Mariens am glorreichen Leben des Sohnes. Diese wurde auch dadurch herausgestellt, daß nach der apokryphen Erzählung der Leib Mariens drei Tage im Grab unter Bewachung der Apostel gelegen haben soll, bis der Herr, von Engeln begleitet, gekommen sei, um ihn zu sich zu nehmen. Es ging auch um die innige Verbindung Mariens mit dem Erlösungswerk ihres Sohnes und folglich auch um die Bedeutung ihrer Fürbitte.

Dies sind alles Themen, die um das eine Thema des Lebens kreisen, eines unverweslichen Lebens, für das die Theotokos das vor-

nehmste Behältnis ist. Von hier aus erklärt sich der dominierende Symbolismus des Lichtes. Er erfüllt diese alte bewegende Anrufung Mariens: »Maria, wir bitten dich, Maria, du Licht und Mutter des Lichtes, Maria, du Leben und Mutter der Apostel, du goldene Leuchte, die das wahre Licht bringt, Maria, du unsere Königin, bitte deinen Sohn ...«[65] Und er formt ebenso die Gestalt der liturgischen Texte für das Fest: Maria ist hier »der Leuchter des unzugänglichen Lichtes«, die »Mutter des unerschöpflichen Lichtes«, die »helle Lampe des immateriellen Feuers (des fleischgewordenen Wortes), das vergoldete Weihrauchfaß, in dem Er als Glut ruht«; sie selbst »legt ihre kristallklare Seele in die unbefleckten Hände dessen, der aus ihr ohne männlichen Samen Fleisch annahm.«

Dieses Thema des Lichtes ist auch der Schlüssel zum Verständnis, um diese wunderbare russische Ikone aus der Schule von Twer (15. Jahrhundert) zu begreifen. Sie ist inspiriert durch ein Vorbild Rublews und trägt den bedeutungsvollen Namen »Himmelblaue Dormitio«. Eingehüllt in ihr dunkles *Homophorion,* ruht die Jungfrau auf einer brennend leuchtenden Decke, die an jene erinnert, auf der die Mutter auf der Geburtsikone lag. Die Decke scheint die Antlitze der Apostel zu erleuchten, die sich über sie beugen. Sie sind alle anwesend und gezeichnet von der Traurigkeit des Abschieds: Petrus am Kopfende des Bettes und Paulus am Fußende, Johannes, jetzt ein Greis, der sein Haupt auf das Kissen neben der Jungfrau legt, so wie er es auf die Brust des Herrn gelegt hatte, und die übrigen, die von Engeln nach Jerusalem gebracht wurden, um dem Entschlafen der Mutter beizuwohnen. Hinter den Aposteln zwei Bischöfe der frühen Kirche, die Schüler des Paulus Dionysius Areopagita, Bischof von Athen, und Timotheus, Bischof von Ephesus, sowie das christliche Volk.

Die Blicke aller richten sich auf den Mittelpunkt jenes Leibes, der, wie die Liturgie sagt, »Träger Gottes und Quelle des Lebens« gewesen ist. Und die Mutter, die Abschied nimmt, erscheint wie eingehüllt in die Verehrung und menschliche Zärtlichkeit der Kirche.

Doch über diese abwärts gerichtete Bewegung dominiert die in die Höhe gerichteten Stoßkraft des tiefblauen, oft grün schimmernden Spitzbogens, der die ganze Länge des Lagers umfaßt und vor dem sich die goldene senkrechte Gestalt des Erlösers abhebt. Auf dessen Antlitz spiegelt sich die Kraft und Entschlossenheit des Auferstan-

denen, dessen also, der den Tod besiegt hat.[66] Der Herr der Herrlichkeit, mit Licht bekleidet, trägt die kleine weiße Gestalt, die
Seele der Allerreinsten, in den Himmel. Auch der einzigartige aufsteigende Strahlenkranz, der ihn umgibt, macht die nach oben gerichtete Bewegung des Sohnes deutlich, der gekommen ist, die
Mutter zu holen.

»Als sich die Pforten des Himmels öffneten und die Engel sangen,
hat Christus dich aufgenommen, o Mutter, du Schatz der Jungfräulichkeit, der die Kerubim in der Herrlichkeit dienen und die
die Serafim voll Freude rühmen.«[67] Die Engel des glorreichen Zu-
ges, die monochrom dargestellt sind, zeichnen zugleich die Him-
melspforten nach. Ihre brennenden Leuchter haben die gleiche
Form wie der, welcher auf der Höhe des Hauptes Mariens steht
und den Beginn der aufsteigenden Bewegung in der Ikone anzeigt.

In dem unaufhörlichen Dialog der Farben zwischen der Zone des Ruhelagers und der des Bogens liegt der Dreh- und Angelpunkt der gesamten Komposition: Die Leuchtkraft des Orangerot und die Tiefe des Blaugrün erreichen ihre jeweilige Intensität gerade dadurch, daß die beiden komplementären Farbtöne zugleich die extremen Pole Kälte und Wärme bilden. Die Flamme steigt auf in die Tiefe des Himmels, und dieser belebt unaufhörlich ihr Feuer. Dadurch wird der Eindruck vermittelt, daß die aufsteigende Kraft, die die Madonna in die Herrlichkeit trägt, ihren Ursprung in dem reinen Leib habe und, der Kurve des von der Gestalt Christi aufgewölbten Bogens folgend, den Tod besiege und in die Sphäre des göttlichen Lebens eindringt, die durch die himmelblaue Farbe symbolisiert ist.

Dennoch bedeutet die Erhebung und Verherrlichung der Mutter Gottes nicht, daß das Kapitel ihrer irdischen Existenz abgeschlossen ist. Der Ikonenmaler macht das durch die expandierende Bewegung im oberen Teil der Ikone deutlich. Denn während schon die beiden Gebäude zur Linken und zur Rechten die konvergierende Bewegung des Bogens mildern, öffnet und weitet sich endgültig alles in den konzentrischen Halbkreisen der Apostel, die von Engeln getragen werden.

Im Mittelpunkt dieser Bewegung erscheint nun – auf dem Hintergrund einer dreifachen Glorie, die sie umgibt – die kleine, sitzende Gestalt der Mutter Gottes als das fast verborgene Wunder dieser Ikone. Unglaublich demütig und einfach, streckt sie die offene Hand aus zu einer Gebärde des Empfangens und des Schenkens: »In deiner Mutterschaft bist du Jungfrau geblieben, bei deinem Entschlafen hast du die Welt nicht verlassen, o Gottesmutter. Du bist übergesiedelt in das Leben, du Mutter des Lebens, und entreißt unsere Seelen durch deine Fürbitte dem Tod.«[68]

Dies ist der Freudengesang, der während des ganzen Monats August in der Liturgie der Ostkirche widerhallt.

Die Dreifaltigkeit

»Und wenn der Geist in uns ist, so ist auch der Logos, der ihn gibt,
in uns, und im Logos ist der Vater. So ist ... die Stelle gemeint: Ich
und der Vater werden kommen und Wohnung bei ihm nehmen
Denn wo das Licht ist, da ist auch der Glanz, und wo der Glanz ist,
da ist auch seine Wirkung und die strahlende Gnade ...
Wie ... die Gnade vom Vater durch den Sohn verliehen wird, so ist
in uns eine Teilnahme an der Gabe nicht möglich außer im Heiligen Geiste. Denn wenn wir an ihm teilhaben, besitzen wir die
Liebe des Vaters, die Gnade des Sohnes und auch die Gemeinschaft
des Heiligen Geistes.«

Athanasius, 1. Brief an Serapio, 30; PG 26, 599 BC

*»Wir haben die Liebe, die Gott zu uns hat, erkannt und
an sie geglaubt. Gott ist die Liebe, und wer in der Liebe
bleibt, bleibt in Gott, und Gott bleibt in ihm.«*
1 Joh 4, 16

Die christliche Ikonographie unternahm schon in den ersten
Jahrhunderten den Versuch, das Geheimnis der Dreifaltigkeit Gottes darzustellen. Doch von den zahlreichen Versuchen hielt nur einer der Prüfung der Zeit stand: die Darstellung jener drei Besucher
Abrahams bei den Eichen von Mamre (Gen 18). Dieses Ereignis,
das auch *Gastfreundschaft Abrahams* genannt wird, wurde sehr
bald von den Kirchenvätern als Vorausbild des trinitarischen Mysteriums angesehen. Denn die Taufe Jesu, die erste deutliche trinitarische Theophanie in der Geschichte, ließ das Geheimnis der
drei in allem gleichrangigen göttlichen Personen nicht in genügen-
der Weise hervortreten.

Die Szene des Besuches bei Abraham in Mamre, die seit dem
5. Jahrhundert in der gesamten Christenheit dargestellt wurde, bewahrte die realistischen Merkmale der biblischen Erzählung. So er-
kennt man Abraham und Sara im Hintergrund in ihrem Zelt, oft
auch einen Knecht beim Schlachten eines Kalbes und vor allem die
reich gedeckte Tafel. Als jedoch im Jahre 1422 der heilige Mönch
und Ikonenmaler Andrej Rublew seine *Dreifaltigkeit* vollendete,
fiel sofort eine grundlegende Änderung bei der Behandlung des
Themas ins Auge. Diese Veränderung war so stark, daß ein Konzil
der russischen Kirche im Jahre 1551 die Dreifaltigkeitsikone Rublews für »geoffenbart« erklärte und in ihr eine von Gott inspirierte symbolische Abbildung sah.[69]

Aus welcher geistlichen Wurzel erblühte nun eine so herrliche
Knospe?

Um eine Antwort auf diese Frage zu finden, müssen wir geschichtlich weit zurückgehen; denn die kirchliche Betrachtung des dreifaltigen Geheimnisses Gottes wurde schon bald in sehr präzise For-
mulierungen gegossen, die sich von großer spiritueller Tragweite
erwiesen. So erfaßte z. B. schon Irenäus den Weg, der den Christen
in den Schoß der Dreifaltigkeit führt: »Denn jene, die den Heiligen
Geist empfangen und in sich tragen, werden zum Wort, das heißt
zum Sohn geführt. Der Sohn aber führt sie zum Vater, und der Vater macht sie der Unverweslichkeit teilhaftig.«[70]

Für die Kirchenväter hatte das Sprechen von Gott (die »Theo-lo-
gia«) das Geheimnis der Dreifaltigkeit zum Gegenstand. Dieser Gegenstand wurde jedoch nie im Sinne einer abstrakten Spekulation
betrachtet, sondern, wie Evagrius sagt, als ursprüngliche und höchste Quelle des Heils und der Seligkeit: »Das Reich Gottes ist die Erkenntnis der Heiligsten Dreifaltigkeit.«[71] In sich aber ist das Geheimnis Gottes unergründlich. Das ist der Grund, warum die Väter, die selbstverständlich davon ausgingen, daß die Praxis der
evangelischen Liebe die Voraussetzung für den Eintritt in das
Reich Gottes ist, als kontemplative Menschen danach forschten,
wie eine solche Erkenntnis Gottes möglich sei.
Die Väter bemühten sich dazu um eine vertiefte Deutung der Got-
teserscheinung auf dem Berg Sinai, auf den Mose und seine Beglei-
ter gestiegen waren: »Und sie sahen den Ort, wo der Gott Israels
war: Unter seinen Füßen war etwas wie ein Werk, das mit Saphir
ausgelegt war, das in seiner Reinheit dem Firmament des Himmels
glich« (Ex 24,10, LXX). Dazu erklärten sie, daß der Christ diesen
»Ort« in sich selbst erkennen kann: »Wenn sich der Geist des alten
Menschen entledigt und den Menschen der Gnade angezogen haben wird, wird ihm sein Zustand der Farbe des Saphirs oder des
Himmels sehr ähnlich erscheinen. Es ist ein Zustand, den die
Schrift den Ort Gottes nennt.«[72] Und dieser Zustand, der der »Ort«
ist, wo Gott wohnt, koinzidiert mit der vollkommenen Manifestation des göttlichen Abbildes, das den Menschen eingeprägt ist.
Dieser wird in Wahrheit Gott ähnlich: »Wenn der Geist (des Menschen) für würdig befunden wurde, in der Betrachtung der heiligsten Dreifaltigkeit zu verharren, dann wird er ›Gott aus Gnade‹ genannt, weil er als Abbild des Schöpfers selbst gemacht ist«.[73]
Die tiefe Übereinstimmung zwischen dieser Lehre der Väter, die
für Jahrhunderte die monastische Frömmigkeit genährt hat, und
der *Dreifaltigkeit* Rublews ist geradezu mit Händen zu greifen.
Wer dieses Bild betrachtet, darf nicht an eine vom Menschen ent-
worfene Abbildung des Mysteriums Gottes denken, vielmehr an
eine symbolhafte Darstellung trinitarischer Erfahrung, wie sie bei
den großen geistlichen Lehrern gemeint ist.
Auch Rublew, durch die Gnade Gottes in die Betrachtung des un-
faßbaren Geheimnisses versunken, muß »im Gebet« sein wahrer
Zustand aufgegangen sein, »der dem Blau des Saphir und dem
Himmel sehr ähnlich ist«. In diesem vollkommenen Bild, dem

»Ort« Gottes, wird er den Reflex jenes an sich völlig verborgenen Bildes der drei göttlichen Personen geschaut haben.

So ereignet sich das, was eigentlich völlig unrealisierbar erscheint: daß der Mensch sich vor einem Bild befindet, das zugleich ganz menschlich und ganz geistig ist und in dem die geschöpfliche Materie zum durchscheinenden Träger des Geistes ward. Hier wird Farbe zu Licht und Form zu Bewegung; zu jener Dynamik, die Leben anzeigt. Darüber hinaus ist nicht zu vergessen, daß das Licht selbst Schwingung und deshalb ebenfalls Ausdruck des Lebens ist.

Wer der *Dreifaltigkeit* von Rublew je unerwartet im Museum gegenübersteht und sie vom Tageslicht beschienen aufleuchten sieht, dem bleibt die unzerstörbare Erinnerung an eine überwältigende Begegnung, denn die Ikone ist von unvergleichlicher Schönheit und Glaubenswirklichkeit: Die drei Gestalten, die in natürlicher Größe gemalt sind, scheinen sich auf den Betrachter hin zu bewegen, ihn zu überfluten mit einem Meer von Seligkeit. Der dominierende Eindruck ist der von Helligkeit; Gelb-, Grün- und Lilatöne scheinen durch, und die Mitte bildet eine Zone von Purpurrot und tiefem Himmelblau des Mantels, mit dem der mittlere Engel bekleidet ist und das auf dem Gewand des rechten Engels wiederkehrt. Ist es nicht vielleicht wirklich jene Farbe des Saphirs und des Himmels, der der »Ort« ist, an dem Gott wohnt?

Die Bewegung, die die gesamte Komposition belebt, geht von dem zur Rechten sitzenden Engel aus, setzt sich fort in der Neigung des mittleren und wird vom dritten Engel aufgenommen, fließt erneut nach rechts, schließt den Kreis und führt ihn in sich zurück. Da sie sich nirgends treffen, halten die Blicke der drei Engel einen inneren Raum frei, der deutlich macht, daß der unaufhörliche Austausch von Liebe und ihre Mitteilung ein Mysterium von vollkommener Innerlichkeit und Intimität ist.

Aber eben in der rückkehrenden Bewegung, die vom Engel zur Linken ausgeht, geschieht das Unerwartete: Der Kreisbogen der Bewegung des Bildes erscheint schon durch die aufrechte Haltung dieses Engels nach vorne gerückt; nun weitet er sich noch mehr durch die Wirkung der Fluchtlinien der Sitze und Fußschemel, die sich in einem Punkt außerhalb der Ikone treffen, nämlich dort, wo der Betrachter steht. Und siehe da: Der in sich geschlossene Kreis öffnet sich, und das Geheimnis seines überfließenden Lebens offenbart sich dem Betrachter in der weiten Kelchform, die die seitlichen Engel beschreiben, als unendliche Liebe und als verschenkte Liebe in der Schale auf dem Tisch.

Anmerkungen

[1] Egon Sendler, *L'icône image de l'invisible*, coll. Christus n. 54, Desclée der Brouwer, Paris 1981, 108.

[2] Maximus Confessor, *Mystagogie* I; PG 91, 668 A.

[3] Entscheidend beeinflußt wurde dieser Wandel von der Architektur des Baptisteriums und der »Martyria«, Kultbauten, die über Märtyrergräbern oder heiligen Stätten des Lebens Christi errichtet wurden (vgl. A. Grabar, *Martyrium, Recherches sur le culte des reliques et l'art chrétien antique*, Collège de France, Paris 1946, 2 Bände).

[4] Athanasius, *Gegen die Heiden*, 42; PG 25, 83B.

[5] Vgl. C. Capizzi, *Pantokrâtor, Saggio d'esegesi letterario-iconografico*, in: Orientalia christiana analecta 170, IOS, Rom 1964.

[6] Simeon der Neue Theologe, *Ethique* III, 325–330; SC 122, Paris 1966, 415.

[7] Champeaux-Sterckx, *Introduction au monde des symboles*, coll. Zodiaque 1972, 101.

[8] Gregor von Nyssa, *Auslegung des Hohenliedes*, Hom. XV; PG 44, 1093D.

[9] Irenäus von Lyon, *Gegen die Häresien* IV, 6, 6; PG 7, 989C.

[10] Ebd. V, 16, 2; PG 7, 1167C.

[11] Zur Bedeutung der Deësis genannten Komposition siehe das entsprechende Kapitel weiter unten. Die Deësis von Swenigorod, die mit Sicherheit ein Werk von Andrej Rublew ist, ist nach dem Ort ihrer Auffindung im Jahre 1918 benannt, und zwar in einem Speicher nahe der Dormitio-Kirche in Svenigorod. Nur 3 von den 7 Bildern, aus denen sie ursprünglich zusammengesetzt war, sind auf uns gekommen: das zentrale Bild des Erlösers, jenes, das Paulus darstellt, und die Darstellung des Erzengels Michael. In eher ungebräuchlicher Weise für diese Kompositionsart sind die Gestalten als Brustbilder gemalt.

[12] Vgl. Egon Sendler, *Les icônes de la Mère de Dieu*, in: Plamia 67 (1985), 11. Wie Sendler berichtet, befand sich in der Blacherne-Kirche Konstantinopels, die zur Aufbewahrung der kostbaren Reliquie des Schleiers Mariens – des Maphorion – erbaut worden war, eine Quelle, deren Wasser durch zwei Öffnungen aus den Händen einer marmornen Marienfigur in Orantenhaltung hervorquoll.

[13] Vgl. André Grabar, *Iconographie de la Sagesse divine et de la Vierge*, in: Cahiers Archéologiques 8(1956), 259–261.

[14] Photius, *In dedicatione novae basilicae*; PG 102, 572B.

[15] Irenäus von Lyon, *Gegen die Häresien* V, Präf.; PG 7, 1120 B.

[16] Vgl. S. I. Maslenitsyn, *Jaroslavian Icon-painting*, Iskusstvo Publishers, Moskau 1973, 6f. Vgl. auch H. P. Gerhard, *Welt der Ikonen*, Recklinghausen 1980[7], 126.

[17] Vgl. Léonide Ouspensky, *Essai sur la thèologie de l'icône dans l'Eglise orthodoxe*, Paris 1960, 96.

[18] Vgl. Konrad Onasch, *Icônes*, Genf 1961, zitiert nach DSAM VII, 1237, (deutsch: *Ikonen*, Gütersloh 1961).

[19] Hubert Du Manoir, *Maria*, Beauchesne, Band 1, Paris 1949, 305.

[20] Vgl. Gregor Palamas, *In Dormitionem*; PG 151, 468AB.

[21] Vgl. Valentino Pace, *Pittura bizantina nell'Italia meridionale (sec XI-XIV)*, in: I bizantini in Italia, Libri Scheiwiller, Mailand 1982, 474. Vgl. auch Kurt Weitzmann, *Studies in the arts at Sinai*, Princeton University Press, Princeton 1982, 75.

[22] Das grundlegende Motiv der byzantinischen Kunst bestand in der Tat in der Intention, einer Darstellung des Unsichtbaren möglichst nahe zu kommen, wie André Grabar in meisterhafter Weise gezeigt hat. Vgl. dessen Studie *La représentation de l'Intelligible dans l'art byzantin*, in: L'art de la fin de l'Antiquité et du Moyen Age I, Paris 1968, 51–62.

[23] Meister Eckhart, *Traités et Sermons*, zit. nach Jean Chevalier, *Dictionnaire des symboles*, Laffont 1969, Art. Virginité, 809.

[24] Aus dem Brief Epiphans des Weisen an Kyrill von Belozersk, zit. nach G. I. Vzdornow, *Theophan der Grieche*, Iskusstvo, Moskau 1983, 40.

[25] Basilius der Große, *In Psalmum* 44; PG 29, 400C.

[26] Simeon der Neue Theologe, *Katechese* 14; SC 62, Paris 1969, 85.

149

[27] Antiphon aus der Non des Stundengebets am Vorabend des Festes der Theophanie (5. Januar).

[28] Makarius der Ägypter, *Homilie* I; PG 34, 451 AB.

[29] Vgl. Egon Sendler, *L'icône*, a.a.O., 219.

[30] Ebd., 112.

[31] Kontakion t. 4 der Matutin des Stundengebets am Feste der Empfängnis Mariens (9. Dezember).

[32] Irenäus von Lyon, *Demonstratio apostolica* 33; SC 62, Paris 1969, 85.

[33] Andreas von Kreta, *In Dormitionem*; PG 97, 1068.

[34] Um das Verstehen der wichtigsten kompositorischen Partien der Ikonen in den folgenden Kapiteln zu erleichtern, wird ihnen eine Reproduktion mit der Sichtbarmachung des kompositorischen Schemas beigegeben.

[35] *Mésaritès 22*, zit. nach Gabriel Müller, *Recherches sur l'iconographie de l'Evangile*, Boccard, Paris 1960, 68.

[36] Johannes Chrysostomus, *Homilie zum Matthäusevangelium* IV, 5; PG 57, 45.

[37] Der Titel dieser Ikone lautet »Verkündigung von Ustjug«, weil sie nach der Legende aus dem Kloster von Velikij Ustjug im hohen Norden Rußlands stammt.

[38] Troparion t. 4 der Großen Vesper des Stundengebets am Fest der Verkündigung des Herrn (25. März).

[39] Andreas von Kreta, *Ode 9 t. 1*; Matutin des Stundengebets am Fest der Empfängnis Mariens (9. Dezember).

[40] Andreas von Kreta, *Aposticha* t. 4; Große Vesper am Fest der Verkündigung des Herrn.

[41] Johannes Chrysostomus, *Homilie zum Mattäusevangelium* VIII, zit. nach G. Millet, a.a.O., 99.

[42] Vgl. Louis Réau, *Iconographie de l'art chrétien*, PUF II, Paris 1957, 220–223.

[43] Egon Sendler, *Icône de la Nativité*, in: Plamia 58(1981), 21–32.

[44] André Grabar, *Les voies de la création en iconographie chrétienne*, Flammarion, Paris 1979, 118f.

[45] Cyrill von Jerusalem, *Katechese* 3,11; PG 33, 441.

[46] Luzernar t. 2 der Vesper am Fest der Theophanie (6. Januar).

[47] Vgl. L. Réau, a.a.O., 299.

[48] Vgl. John Galey, *Il Sinai e il monastero di Santa Caterina*, Arte e Pensiero, Florenz 1982.

[49] Irenäus von Lyon, *Gegen die Häresien* IV, 20, 9; PG 7, 1037 C.

[50] Vgl. Johannes Itten, *Kunst der Farbe*, Ravensburg 1961.

[51] Vgl. André Grabar, *Martyrium* II, 257–259.

[52] Nach *Physiologus*, zit. bei A. Grillmeier, *Der Logos am Kreuz*, München 1956, 84.

[53] Michael Caerularius zit. bei G. Millet, a.a.O., 399. Die ersten Beispiele gehen auf das 8. Jahrhundert zurück und stammen aus dem Raum Palästinas. Vgl. Kurt Weitzmann, *The monastery of Saint Catherine at Mount Sinai – The icons – Volume one: from the sixth to the tenth century*, Princeton University Press 1982, 80.

[54] Johannes Chrysostomus, *De cruce et latrone*; PG 49, 413

[55] Origenes, *Contra Celsum* II; PG 11, 904.

[56] Irenäus von Lyon, *Demonstratio apostolica* 34; SC 62, Paris 1969, 87.

[57] Homilie am großen und heiligen Sabbat; PG 43, 461B.

[58] Der Text ist entnommen aus *Une homélie inspirée du traité sur la Pâque d'Hippolyte*, SC 27, Paris 1950, 116–118.

[59] Gregor von Nyssa, *Auslegung des Hohenlieds* XI; PG 44, 997A.

[60] Idiomele t. 4 der Großen Vesper am Fest der Himmelfahrt.

[61] Vgl. André Grabar, *Les voies* ..., 69f.

[62] Champeaux-Sterckx, a.a.O., 131.

[63] Basilius der Große, *De Spiritu Sancto* XVIII; PG 32, 153B.

[64] Vgl. Bellarmino Bagatti, *Alle origini della Chiesa* II, Città del Vaticano 1982, 142.

[65] Vgl. Bellarmino Bagatti, *La chiesa primitiva apocrifa*, Rom 1981, 75.

[66] Vgl. Egon Sendler, *L'icône* ..., a.a.O., 56.

[67] Ode 4 t.1 der Matutin am Fest des Entschlafens der Gottesmutter (15. August).

[68] Troparion t.1 der Großen Vesper am Fest des Entschlafens der Gottesmutter (15. August).

[69] Vgl. Léonide Ouspensky, *La Théologie de l'icône dans l'Eglise orthodoxe,* Paris 1982, 265f.
[70] Irenäus von Lyon, *Demonstratio Apostolica 7,* SC 62, Paris 1969, 41.
[71] Evagrius Ponticus, *Capita Practica* III; PG 40, 1221D.
[72] Ebd. LXX; PG 40, 1144A.
[73] Ders., *Centurie* 5, 81, Frankenberg 355, zit. nach DSAM XI/2, col 1782f, Art. Contemplation.

Abkürzungen

Apg	Apostelgeschichte
Dan	Buch Daniel
Eph	Brief an die Epheser
Ex	Exodus
Ez	Buch Ezechiel
Gal	Brief an die Galater
Gen	Genesis
Hld	Das Hohelied
Hebr	Brief an die Hebräer
Jes	Buch Jesaja
Joh	Evangelium nach Johannes
1 Joh	1. Brief des Johannes
Kol	Brief an die Kolosser
1 Kor	1. Brief an die Korinther
2 Kor	2. Brief an die Korinther
Lk	Evangelium nach Lukas
2 Makk	2. Buch der Makkabäer
Mk	Evangelium nach Markus
Mt	Evangelium nach Matthäus
Offb	Offenbarung des Johannes
1 Petr	1. Brief des Petrus
Phil	Brief an die Philipper
Ps	Psalmen
Röm	Brief an die Römer
PG	Patrologia Graeca
SC	Sources chrétiennes
DSAM	Dictionnaire de spiritualité ascétique et mystique

Bibliographie

Allgemeine Literatur

Frühchristliche und byzantinische Kunst

Bellarmino Bagatti, *Alle origini della Chiesa,* 2 Bde., Rom 1981–1982.
Dictionnaire d'Archéologie chrétienne et de liturgie, Paris 1907–1953.
André Grabar, *Le premier art chrétien,* Paris 1966.
André Grabar, *Les voies de la création en iconographie chrétienne,* Paris 1979.
André Grabar, *Martyrium.* Recherches sur le culte des reliques et l'art chrétien antique, Paris 1946.
Gerd Heinz-Mohr, *Lessico di iconografia cristiana,* Mailand 1984.
Gabriel Millet, *Recherches sur l'iconographie de l'Evangile aux XIVe, XVe et XVIe siècles,* Paris 1960.
Louis Réau, *Iconographie de l'art chrétien,* Paris 1957.

Symbolik – Spiritualität – Kunst

Charles André Bernard, *Théologie symbolique,* Paris 1979.
Champeaux-Sterckx, *Introduction au monde des symboles,* Zodiaque 1972.
Jean Chevalier, *Dictionnaire des symboles,* Paris 1982.
Dictionnaire de spiritualité ascétique et mystique (DSAM).
Dizionario patristico e di antichità cristiane, Casale Monferrato 1983.
Johannes Itten, *Kunst der Farbe,* Ravensburg 1961.
Nuovo dizionario di mariologia, Mailand 1985.
Heinrich Pfeiffer, *Gottes Wort im Bild – Christusdarstellungen in der Kunst,* München, Zürich, Wien 1986.
Tomáš Špidlík, *La spiritualité de l'Orient chrétien,* Rom 1978.

Einzeluntersuchungen

Theologie und Ikonographie der Ikonen

Maria Donadeo, *Le icone*, Brescia 1980.
Paul Evdokimov, *L'art de l'icône*. Théologie de la beauté, Paris 1970.
Pietro Galignani, *Il mistero e l'immagine*, Mailand 1981.
Heinz Paul Gerhard, *Welt der Ikonen*, Recklinghausen 1980.
André Grabar, *La représentation de l'Intelligible dans l'art byzantin*, in: L'art de la fin de l'antiquité et du Moyen Age, I, S. 51–62, Paris 1968.
Konrad Onasch, *Ikonen*, Berlin 1979.
Léonide Ouspensky, *Essai sur la théologie l'icône dans l'Eglise orthodoxe*, Paris 1960.
Léonide Ouspensky, *La Théologie de l'icône dans l'Eglise orthodoxe*, Paris 1982.
Léonide Ouspensky-Vladimir Lossky, *Der Sinn der Ikonen*, Bern 1952.
Egon Sendler, *L'icône, image de l'invisible*, Paris 1981.
Kurt Weitzmann u. a., *Le icone*, Mailand 1981.

Kunstbände

M. V. Alpatov, *Early Russian Icon Painting*, Moskau 1974.
M. V. Alpatov, *Andrej Rublev*, Mailand 1962.
M. Alpatov, *Teofane il Greco* (in Russisch), Moskau 1979.
V. N. Lazarev, *L'iconografia russa* (in Russisch), Moskau 1983.
AA. VV., *Les icônes russes*. Ecole de Novgorod XIIᵉ–XVIIᵉ siècles, Leningrad 1983.
David Talbot Rice, *Arte di Bisanzio*, Florenz 1959.
G. I. Vzdornov, *Teofane il Greco* (in Russisch), Moskau 1983.

Die Abbildungen

Seite 29
Der Erlöser (Deësis von Swenigorod)
Andrej Rublew
1410–1420, 159 × 106 cm
Tretjakow-Galerie, Moskau

Seite 33
Der Erlöser, umgeben von den himmlischen Mächten
Andrej Rublew
ca. 1410, 18 × 16 cm
Tretjakow-Galerie, Moskau

Seite 37
*Maria Orans, die »Große Panhagia« oder »Gottesmutter des Zeichens«
von Jaroslawl*
Der Tradition von Kiew nahestehend
ca. 1218, 194 × 120 cm
Tretjakow-Galerie, Moskau

Seite 41
Die Gottesmutter Hodegetria
Byzantinischen Ursprungs
14. Jahrhundert, 112 × 85 cm
Tretjakow-Galerie, Moskau

Seite 45
Die Gottesmutter Hodegetria
Zyprische Schule
Anfang 13. Jahrhundert
Santa Maria, Abtei San Nilo, Grottaferrata (Rom)

Seite 49
Die Gottesmutter »Umilenie« von Wladimir
Byzantinischen Ursprungs
Anfang 12. Jahrhundert, 100 × 70 cm
Tretjakow-Galerie, Moskau

Seite 54/55
Die Ordnung der Deësis
Nowgoroder Schule
15. Jahrhundert, Mittelbild 157 × 108 cm; die anderen 160 × 59 cm
Tretjakow-Galerie, Moskau

Seite 59
Die Gottesmutter (Deësis)
Theophan der Grieche
ca. 1405, 210 × 110 cm
Verkündigungskathedrale im Kreml, Moskau

156

Seite 103 und Titelbild des Schutzumschlags
Christi Verklärung (Festtagsordnung der Kirche in Wolotowo)
Nowgoroder Schule
Letztes Viertel 15. Jahrhundert, 90 × 58 cm
Staatliches Historisches Museum, Nowgorod

Seite 109
Das Abendmahl
Nowgoroder Schule
15. Jahrhundert, 90 × 63 cm
Staatliches Kunstmuseum, Kiew

Seite 115
Die Kreuzigung
Moskauer Schule
Ende 14. Jahrhundert, 107 × 83 cm
Rublew-Museum, Moskau

Seite 121
Der Abstieg in das Reich des Todes (Festtagsordnung der Kirche
in Wolotowo)
Nowgoroder Schule
Letztes Viertel 15. Jahrhundert, 90 × 56 cm
Staatliches Historisches Museum, Nowgorod

Seite 127 und Umschlag Rückseite
Christi Himmelfahrt
Schüler Andrej Rublews
ca. 1410–1420, 71 × 59 cm
Tretjakow-Galerie, Moskau

Seite 133
Pfingsten
Schule von Nowgorod
15. Jahrhundert, 80 × 56 cm

Seite 139
Das Entschlafen der Gottesmutter
Schule von Twer
Mitte 15. Jahrhundert, 133 × 88 cm
Tretjakow-Galerie, Moskau

Seite 145
Die Dreifaltigkeit
Andrej Rublew
ca. 1411, 142 × 114 cm
Tretjakow-Galerie, Moskau